酒井朋子・奥田太郎・中村沙絵・福永真弓 編著

汚穢のリズム

きたなさ・おぞましさの生活考

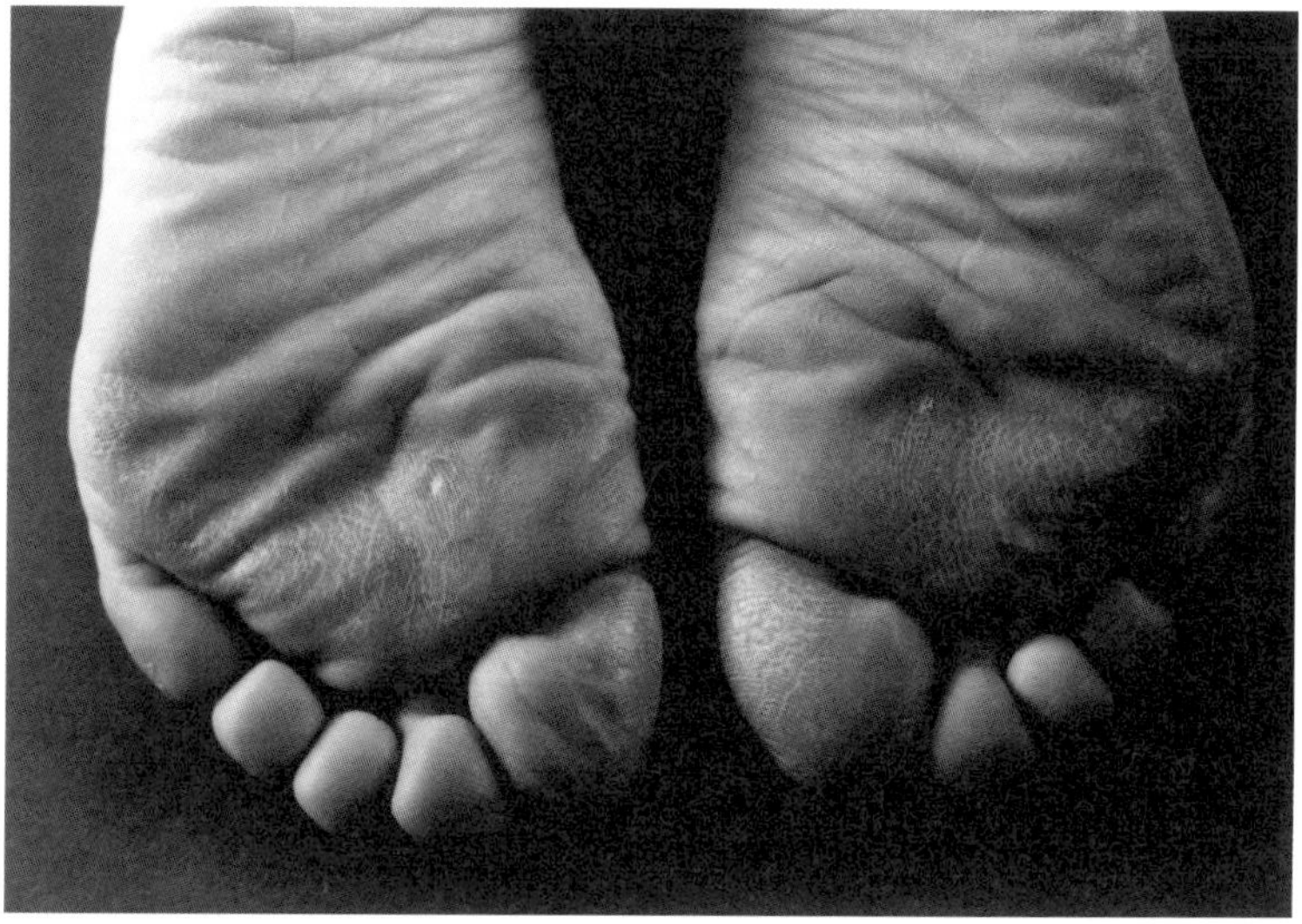

©Ishiuchi Miyako「1・9・4・7#15」 1988-1989

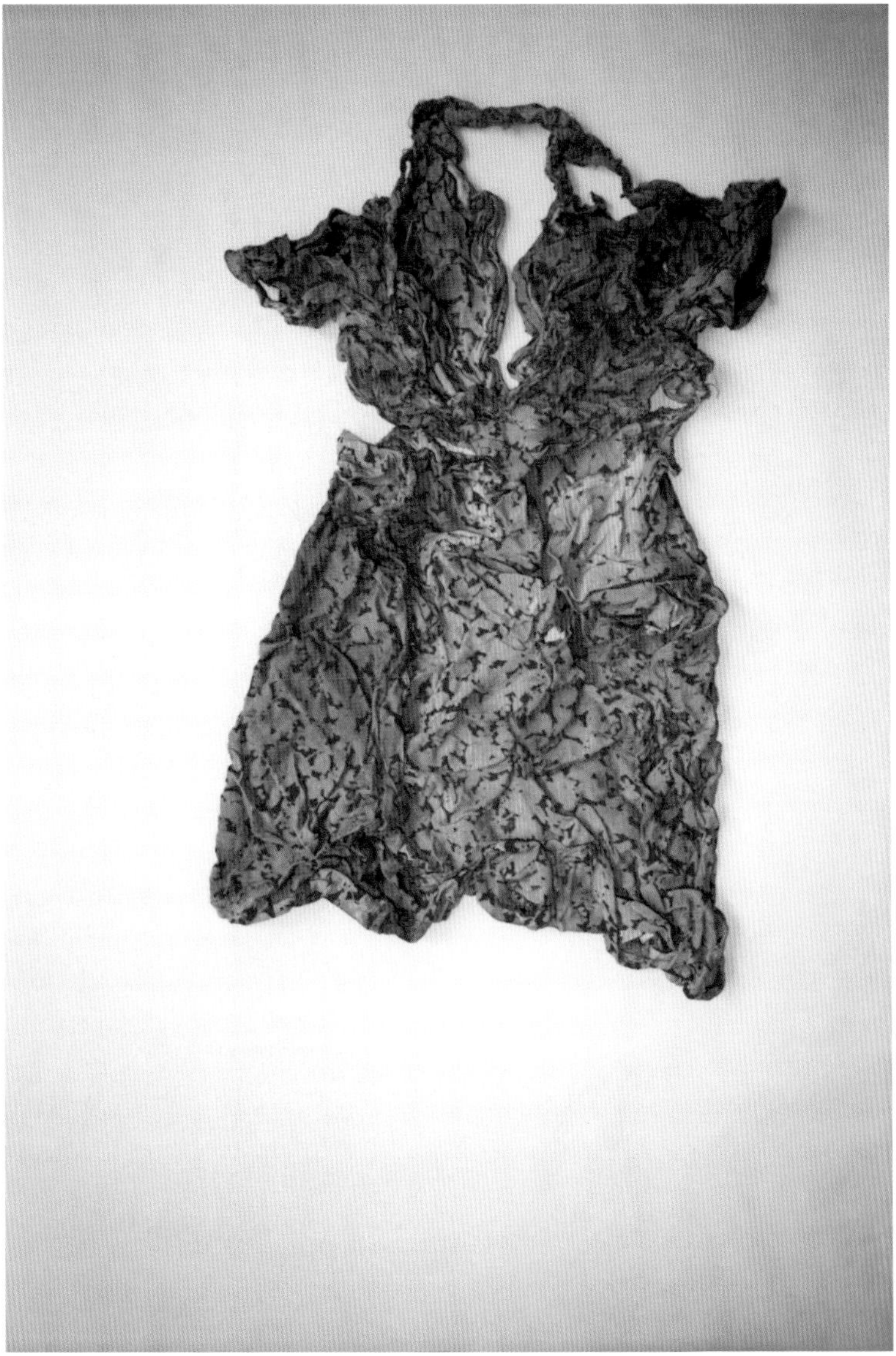

©Ishiuchi Miyako「ひろしま#106」donor:Hashimoto, H.　2016

©Ishiuchi Miyako「Mother's#35」 2002

高田冬彦《Love Phantom》　シングルチャンネル・ビデオ　2017

市原佐都子『弱法師』　2023　© Jörg Baumann

汚穢のリズム——きたなさ・おぞましさの生活考

汚穢のリズム——きたなさ・おぞましさの生活考　目次

Ⅱ きちぴかり

清められ離される

III じわりぞわり

汚穢から生まれくる

IV そろりそろり

汚染の向こう側

はじめに——汚穢のリズムに感覚をそばだてる

酒井朋子

汚穢と出会う

この本は、汚穢のなかから、汚穢として脈打ちつつ、ものを考えようとしている。肉体を成り立たせているものについて、自分の内からにじみ出てくるものについて。あるいは生きる現場でたえず起きているショックや恐怖、嫌悪や恥辱をともなう遭遇について。見難《みにく》いもの、つまりは目をおおわせるようなものとの交差として経験されながらも、時にはこれまで知らなかった興奮をもたらし、いまある世界に新しい緊張と光を差し込ませるような出会いについて。

何かを汚穢だと感じているとき、人はそれを感じとりたくない、忌まわしい、離れたいと思っている。取りのぞくことができない場合はどこかに閉じ込めておこうともする。けれどもそうして何を汚穢としてあつかっているのかひとたび考えてみれば、たとえば体の毛、垢、便、……これらは生命活動にともなって避けようもなく生み出されている。それが、体の表面からはみ出し、脱落したり体外に排出されたりすると、厭《いと》わしいものに「なる」。生命はいってみれば汚穢そのものであって、生きているかぎりそうしたものが体から滲み出て、こぼれ、排出されていることを誰もが知っている。けれどもそれらは個人個人の私的な領域の外には出してはならないことになっている。あるいは、下水やゴミ・廃棄物処理システムのように、多くの人には見えないよう区画された時空間に隔離されている。

このように考えると見えてくるのは、なにかを清潔にし美化するための浄化、整理、隔離、そして忌避行動こそが汚穢を生み出すということだ。きたないものやよごれが必ずしも〈それとしてある〉ものではないとすれば、なにかを〈きれいに〉しようとするはたらきかけは一種の暴力でもある。

その暴力性は自分の内側にも向けられていく。汚穢を感じとりたくないという感覚は、〈わたしの汚穢〉を感じとらせたくないという感覚とつながっている。もし他人が〈わたしの汚穢〉を感じとったならば、その人は表情をゆがめたり、距離をとったり、話題にすることを避け気づかなかったかのようにふるまうだろう。そのとき自分の何か重要な尊厳が欠けてしまうだろうというおそれがある。

そう考えると、ある種の感情や気持ちの状態も汚穢としてあつかわれている。おさえきれない情動の波が押しよせ、対処しようのない心の状態に陥ったとしても、それを公共の時空間であらわにすることは避けられる。胴体や腕をかきむしって大声を出さずにいられないときも、それを広場や駅や職場でおこなうと〈異常〉に分類されてしまう。だから誰にも聞かれない空間に、あるいは親密な相手だけがいる空間に閉じこもる。

親密な相手、といま書いた。そのとおり、生命のしるしでもある汚穢は、実はとくに近い間柄であれば、相手のものにふれることも自分のものにふれさせることも、ある程度は許容されている。場合によっては関係の近さのサインとしてあつかわれることすらある。だからこそ汚穢は嫌悪とともに、エロティシズムや愛着のような領域、さらに言えば愛と私的領域とケア労働のポリティクスともつながっているのだ。

接触領域としての生活現場

汚穢のなかからものを考えると冒頭に書いたが、それは単純なことでも簡単なことでもない。そもそも人の生活じたいがコンスタントに何かを異化し汚穢化しつづけることで成り立っている。服についた汗や皮脂や食べこぼしを落とす洗濯。食材の準備、つまり植物（穀物・野菜・果物）だとか、動物の体の食べられない部分やおいしくない部位を取りのぞき、生ゴミとして分別するプロセス。一緒に暮らしている人や生き物の体を拭き、洗い、分泌物や排泄物を処理すること。外から入りこんだ、あるいは家の中に湧いた、危険かもしれない生き物や気持ちの悪い生き物を追い出したり殲滅すること。みな、何かをきたないものときたなくないもの、いるものといらないものに分け、後者を洗浄し処理して生活空間の外に押しやるおこないだ。異化と洗浄が生活の時空間のなかでなぜここまで大きな比重を占めているのか、どの程度まで本当に必要な作業なのか。こうした問いは、この本を通して流れている。

これら「家の中」で営まれる汚穢にかかわる作業は、ハンナ・アレントが『人間の条件』（志水速雄訳、ちくま学芸文庫、一九九四年）のなかで「労働 labor」と呼んだものでもある。古代ギリシャの政治社会においては、職人がものを創っていく「仕事 work」や、個人個人の利益や生を超えた公共の政治にたずさわる「活動 action」とはちがって、肉体のニーズに物理的にしばられた作業は人間を人間たらしめる種類の営みではないとされていた。近代になってその豊かさと多様さにも注意が向けられるようになったけれども、依然としてそれは私的な時空間と関係のなかにひっそりと隠しておくべきものだったとアレントはいう（『人間の条件』一〇二頁）。生きている限り生み出されつづけるものを、公共の場に出すべからずとして決められた領域に隔離する。その領域では隠すべきものを処理する作業に特定の属性や階級の人間が――古代ギリシャ社会ではたとえば家内奴隷だった――たずさわっている。汚穢のなかを掘り進めて見えてくるのはこうした構図だ。

しかし本書は、人を「隠すべきものを処理する作業」に追いやることを告発しようとするものではない。あるいは、少なくともそれだけではない。問いたいのは、汚穢が生成する現場にいあわせ、汚穢にふれ混じり合う、そこで起きている事柄をつまびらかに記述し考えてみることで開けていく視界があるのではないかということである。それはたとえば、医療人類学者のアネマリー・モルが、「奴隷」がたずさわるものとして哲学のなかで貶められてきた「生存にかかわる労働」の、その物理的状況と肉体の活動のなかにこそ、いま見なくてはならないものがあるとしたことも共鳴する。[★1]

生活の時空間におけるもろもろの行為や現象にあらためて注意を向けたときに見えてくるのは、身のまわりを整えようとする方向性が、日常生活を動かしつつも徹底的に支配してはいない、ということだ。生活の現場というものは、たくさんの要因の糸が同時並行して走る矛盾とバランスのなかで回っていて、その時空間はあいまいさと、あい乱れるたくさんの意味と、判断の先送りによってこそ特徴づけられる。あるとき何かが汚穢としてふくれあがり飛び散って対処しきれない惨事になったとしても、その源を根絶しようとはせず――そもそも根絶は不可能あるいは選択肢になく――少しずつその特徴にふれていくなかで部分的に合わせて動くことができるようになる。汚穢現象との関係を長いタイムスパンから見ていくと、その強弱やリズムに対して人が身構えたり、あきらめたり、臨機応変に対処や態度を変えたり、あるいは自分自身を変容させていく様子が浮かび上がってくるのだ。

本書が光を当てようとするのは、この接触と緊張と融合の現場である。

けがれの研究史、嫌悪と吐き気の研究史

汚穢の研究は、これまでにもいくつかの分野でおこなわれてきた。たとえば人類学者メアリ・ダグラスは、秩序を乱すものが汚穢になると位置づけたことで有名だ。何かが「きたな

い」とされるとき、それは往々にして「場ちがいなもの」である、とダグラスはいう。たとえばダイニング・テーブルの上に汚れた靴が置かれているとき、靴箱のなかに同じ靴が置かれているのと比べてずっと強い違和感と拒否感をおぼえる人は多い。

さらにダグラスの論を特徴づけるのは、対極に位置するかのように見える「けがれたもの」と「聖なるもの」が、ともに「隔離されるもの」「伝染性のもの」として同じようにあつかわれてきたという見方だ。これら「通常の分類から逸脱したもの」は、まわりに大きな影響と変化をもたらしうる。だからこそ、「秩序からの逸脱」は各地の儀礼や伝承のなかで生命や豊穣の象徴、あるいは人間変容・社会変容の根源的契機としてあつかわれてもきた。爬虫類のような見かけをしながら子に乳を与える——そして新型コロナウィルスの媒介者であるともいわれた——動物、センザンコウのように。

けれども、と、ここで疑問が残る。「社会の発展」の予測の内部に閉じ込められて都合のよい部分のみ取り出されたものは、すでに本来的な無秩序ではなく、汚穢でもないのではないか。とらえなくてはならないのはもしかして、役に立つ・立たないという予測の範囲を大きくはみ出し、思いもよらぬ、無防備な領域に侵食し伝染してくる汚穢のありかたなのではないだろうか。

けがれや逸脱したものを「場ちがいなもの」、つまり社会の秩序と分類の問題とみることは、嫌悪の暴力や社会的排外のしくみを批判的にとらえるために重要な視点でありつづけている。

けれどもそうした見方は、ものがもつ質感、たとえば肌にまとわりつく重みや湿気の感覚を切り落とすがために、汚穢がはらむ両義性の重要な部分を見落とすことがある。加えてその見方は、ものが物質として有する特徴に注意を向けないために、まさにその特徴ゆえにこそものとものが混じりあい、新しい——時には危険な——存在やつながりを次々と生み出していく、その根幹部分をとらえそこなう。

嫌悪や「吐き気」にかかわる美学研究が明らかにしてきたのは、人や生命体が周辺のものと融合する状態や現象が、長くおそれられつつも人を魅了してきたことだ。ジュリア・クリステヴァは、母と子がかつて一体だったことを連想させるものへの強い嫌悪を「アブジェクシオン」（唾棄されるもの）と呼んだ。★2 主に象徴の分析をおこなう彼女の本のなかで、けれども印象的なのが、聖域に入る前の食を禁じる古代ユダヤの潔斎すなわち身を清らかにする儀礼を論じた部分だ。そこにおいて、食べることは性的な交わりとならんで一人の人の安定と清浄さをおかすものとされている。食物と分類された異物を取りこむことで不安定性を体の内部に呼びこむ危険な行為なのだ。

先にふれたアネマリー・モルは、自分が食べたもののうちで体の栄養にならないために消化されずに排出される繊維質など不用物を思い浮かべながら書く。いま自分のおなかのなかにある〈それ〉は、はたして自分の一部なのか？　福岡伸一『新版　動的平衡——生命はなぜそこに宿るのか』（小学館新書、二〇一七年）にしたがえば、消化器官は外とつながった中空の管であるのだから、胃や腸などの内部は〈体の外〉であるということになる。肺も子宮も同じだ。しかし、モルが思いを馳せるその他の事例はどうか——たとえば自分が飲みこんだ「過剰な」塩化ナトリウム（塩分）は？　腎機能によって排出されるとしても、一度は自分の血流を巡っていたそれらのものは、はたして自分の一部ではなかったのか。いやはや、日ごろ自分自身の体として感じているもののなんとあいまいなことだろう。皮膚や骨格に包み込まれた自分の領域の奥にあって、なお自分でないものがそこにあるのだ。さらにそれが、いつものように、自分を形づくる一部なのか排出予定の不用物なのか分類できるうちは、まだいい。まれにそうでない場合がある。なかば自分と一体化しながら、内側から自分を侵食し変容させていく何かが体の内部に息づいていることがありうるのだ。ときには致死的な、破壊的な変容を。

生命体が周囲の事物とからまりあい融合する様子や、体の内部と外部とが反転する構図、あるいは何かが体を出入りしている状態は——これらを誇張した表現こそ、実はグロテスクと呼ばれてきたものである——、ある強い印象を人に与えてきた。ときに嫌悪（吐き気）と呼ばれ、ときに官能と呼ばれるその印象は、〈わたしであってわたしではない〉ヴァルネラブルな界面にたちあらわれる。問われているのはその緊張と興奮を、どのように記述していくかということなのだ。

汚穢化への強迫的不安

生活に注目するというのは、生活現場が誰しも同じと考えることではない。食べものや生活空間内のものの危険に具体的にどう対処するか、あるいは散らかりや腐臭や体臭をどの程度気にするかは、人によって驚くほど違う。汚穢は私的領域に秘められてきた現象であり作業であったから、同じような属性の人間のあいだでも平準化が起こりにくい。けれども、きたなさやおぞましさの忌避感覚を考える上で貧富の差、性や階級、幼少時の生活環境、社会関係、地域による慣習の差などが重要であることはまちがいなく、だからこそ汚穢は社会的ヒエラルキーや差別に深くからみあう。

近代という時代は、浄化・区画化・隔離をその理念的目標とし、都市工学、医療、道徳など幅広い領域で制度として実装した。清潔化に向かうこのベクトルは、新しい技術と社会情勢の動向をうけてアップデートされつづけており、これまでの社会的ヒエラルキーの一部を強化し、別の場所を再編成しつつある。そうであるからこそ汚穢は社会的視野でとらえられなくてはならない。人間関係、労働、生活様式にいたるまで、あらゆることが個人の責任にゆだねられる現在にあって、グローバルにうねる巨大資本と情報の前でむきだしにされた個人は、言ってみれば「正しい」選択と努力を不断につづけねばならないような、しかし偶然性にも大きく左右されているような、きわめて難易度の高い致死性のゲームを生きている。その足元には実は、努力ではいかんともしがたい社会的不平等の構造が、不可視化されて横たわっている。

汚穢は伝染する。それゆえしばしば人は、危険をはらむ汚穢との「近さ」に恐怖を感じ、物理的・関係性的・カテゴリー的に距離をとろうとする——いわば「自己の脱汚穢化」である。そこには、足場となる秩序の解体のなかで自分もいつ汚穢側に追いやられるかわからないと恐怖する、強迫的な不安があるのではないだろうか。

いくつもの光点から像が浮かび上がるとき

この本は、二〇二一年四月にはじまった「汚穢の倫理」研究会のウェブサイトで連載を続けてきたエッセイ集「汚穢をめぐる素描文章集」をもとにしたものだ。人類学、環境社会学、倫理学、地理学、歴史学の研究者らが執筆したエッセイを四部に分けて収録している。第一部「ぽたりぽたり　ざわつく暮らし」は、とるにたりないもののように思われる毎日の感覚や遭遇を起点として、背後に広がるものへと考察を広げている。第二部「きちりぴかり　清められ離される」は、近代市民社会と国民国家が、いかに汚穢を生み出すことによって形成されてきたのかに目を向ける。都市空間と「国民」を清潔化しようとする企てが、それまでの生活やふるまいの一部を汚穢として名ざし、その除去や隔離を制度化してきた様子が、そこから浮かび上がってくる。第三部「じわりぞわり　汚穢から生まれくる」は、生死の境界や肉体の境界を超えて行き来したり出入りするものの厭わしさと強烈な魅力、そして汚穢が漏れ出る瞬間に生まれる共振の豊かさを描いている。第四部「そろりそろり　汚染の向こう側」は、人間や生命のフレームワークを揺るがす新しい技術が生み出した可能性と脅威のなかで、汚穢から生成しようとするものを予測的に描いていく。

各部のあいだに入るのは、芸術分野で活動する三名の方々によるエッセイとインタビューである。研究会の開始当初から、本書の編者であるコアメンバー四名は、汚穢を学術的に語る限界を強く意識していた。首尾一貫性（秩序の体系）に向かおうとする既存の学術言語は、汚穢を汚穢たらしめる重要な何かをどうしても取りこぼす。そうではない角度と言葉がこの本には必要だった。

もちろんそれぞれの文章は、わたしがここでむりに分けたような分類を超えて、さまざまな方向へ滲み出し、ほかの文章と混ざりあい、共鳴したり不協和音を発したりしている。

この本は、汚穢の核を明るみにさらし明晰な言葉で説明することはできないかもしれない。そもそも汚穢がその中心に本質をもつようなものではない可能性もあるからだ。けれども複数の光点が星座の像をなすように、汚穢にふれるいくつもの主題を集めていったとき、そこになんらかのビジョン、あるいはなんらかの質感が、浮かび上がるかもしれない。

★1— Annemarie Mol (2021) *Eating in Theory*. Duke University Press.
★2—ジュリア・クリステヴァ『恐怖の権力——〈アブジェクシオン〉試論』枝川昌雄訳、法政大学出版局、一九八四年

見取り図

	死	身体 糞便 分泌物	生き物	生活 空間	都市 空間	言語 規範
生活の旋律（酒井）		○		●		
ゴキブリの足音が聴こえた朝（中村）			●			
雑草との共生と競争（レン）			●			
断捨離とミニマリストと ゴミ屋敷（奥田）				●		
身体の境界を超える ロマンティックな瞬間（高田）		●				
ライプニッツの ドイツ語改良論（古田）						●
嗅覚の地理（原口）					●	
豚が「汚くなる」とき（比嘉）			●			
腐臭の境界（福永）			●			
清濁併せ呑む（奥田）						●
メスの匂い（市原）		●				
グロテスクな肉体の躍動（酒井）		●				
死体にまつわる不死性（斎藤）	●					
膜が食い破られること（藤原）		●				
介助と排泄と幾つもの生（井上）	○	●				
傷跡は人が生きてきた 時間のかたち（石内）		●		○		
にごりの海の透明度（福永）					●	
農業危険物との遭遇（レン）			●			
よだれかけと 「ちぐはぐなイメージ」（中村）		●				

●＝テーマ、○＝サブテーマ

Ⅰ ぽたりぽたり

ざわつく暮らし

だらしない——生活の旋律

酒井朋子

ずるずるした毎日

幼い頃からひとつのことに集中して取り組むのが苦手だった。

ピアノの練習をしていても、あらかじめ決めた時間を座っていることができない。ツェルニーの練習曲にあわせるメトロノームをセットしようと椅子を立とうものなら、そのまま水を飲みに台所に行き、口さびしいので戸棚を開いてアメを探し、あきらめてトイレに行って、戻ってくると「ちょっとだけ」とソファの上に置いてあった漫画を読む。しかも何度も読んでセリフも覚えているような漫画をだ。しばらくしてやっとピアノの前にしぶしぶ戻る。そんな調子だから練習がいつまでも終わらない。もちろん親には注意されたが、毎日変わらずそんなことをやっていた。

ものごとを習慣化することは今も苦手で、忘れ物も多い。身だしなみについてもそうで、シャツのすそに近いボタンがひとつ取れていても、「道ゆく人は気づかないだろう」と着てしまう。手に取った白シャツにシワが寄っていても、それはみすぼらしさではなく「洗いざらし」の洒落感として許容される範囲だと自分に言い聞かせて着ている。

ただし、きれいな部屋にあこがれはある。だから「整理整頓のコツ」系の雑誌記事などを見つけるとすぐに手を出す。書いてあることはいつも同じだ。「ものの置き場所を決めましょう」。できたためしがないその習慣に、どの記事も行き着くことはうすうすわかっているのに、また「ずぼらでもできる整理術」を読んでいる。ASAPと書かれたメールが受信箱に溜まっていく。

ひとつ、よく覚えているエピソードがある。

大学生だったころ、いつもきちんと部屋が片づいている友人に「片づけのコツを教えて」と頼んだ。ふだんどんなふうに整理しているのかと聞かれ、答えて、目を丸くされた。「それモノを出して戻してるだけだよ。整理してないよ!」

わたしが「片づけ」と称してやっていたのは、引き出しや戸棚のなかのものを全部出して、それをぴったりと隙間なく、同じ方向に、乱れなく並べなおすというものだった。

その引き出しは使いやすいか、ものは出しやすいかと彼女はたずねた。奥に入っているものは出しにくいかもしれないとわたしは答えた。どういうものが奥に入っているのかと彼女はまた聞いた。そこの隙間にサイズがぴったり合ったものだ、と答えたように思う。そのときの友人の、感心したような表情を覚えている。

彼女によると「整理」というのは、ものを用途や種類によって分類して、そのありかをわかりやすくし、余分なものを捨て、よく使うものを取り出しやすい位置に移動することなのだという。隙間なくぴったりと空間を埋める必要は、まったくない。

なんと理にかなっているのだろう。わたしは感嘆した。まさに「開眼」の経験だった。二〇年以上たった今も、その日わたしたち二人がどこにどう座って会話していたかという情景が、ありありと頭に浮かぶ。幾度となく反芻《はんすう》してきたからだろう。

ただし、その後に彼女の教えを実践できるようになったかといえば、これは話が別になる。

はみ出してあふれ出る

長い間「自分はだらしないなあ」と思ってきた。しかし考えてみれば、〈だらしない〉とはいったいどういうことなのだろう。『広辞苑』にはこうあった。

しまりがない。節度がない。また、体力がなく弱々しい。「——・い服装」「金に——・い」「これ位でへこたれるとは、——・い奴だ」

（『広辞苑』第六版、岩波書店、二〇〇八年）

「しまり」とはゆるみのないこと、おこないをつつしむこと。「節度」とは「適当なほどあい」のことだという。つまり〈だらしない〉とは、ゆるんでいてつつしみがなく、適当と思われる範囲におさまらず、軟弱な状態ということになる。それは生活のなかでの服装や身体などとの物質的なかかわりであると同時に、金銭や行動実態に関することでもあるようだ。

英語ではどうだろう。三省堂のウィズダム和英辞典で「だらしない」をひくと、slovenly, sloppy, loose, immoral, careless などと出る。slovenly は片付いておらず乱雑であること。loose は知ってのとおり「ゆるい」である。動詞 slop は「こぼす」、「あふれる」。なお sloppy には「感傷的すぎる」という意味もある。辞書には例文として「sloppy letters from a boy she had met on holiday」（休暇中に彼女が会った男の子から届いた湿っぽい手紙の数々）なんてものが挙げられていて笑ってしまった。仕切りのなかに閉じこめ、おさめておくべきものが、だらだらとあふれ出てこぼれ落ちている。そんな情景が浮かぶ。

訳のひとつに immoral があるのも重要である。そう、「だらしない」は道徳的非難をこめて使われることがある。部屋がきたなくてもシャツがしわだらけでも、それは「悪行」ではないはずだ。けれどもそうした身の回りのモノの「整っていなさ」が、不誠実だとか、他人に迷惑をかけているとか、正しさをつらぬけないとか、「信頼できない」「悪い人」といった評価とどこかでつなげられている。

つれづれと〈だらしない〉について見ていると、『児童心理』（金子書房）という雑誌の二〇一一年一〇月号に「だらしがない子」という特集があるのを見つけた。購入して開いてみると、

「忘れ物が多い」「時間やルールが守れない」「姿勢が悪い」「身だしなみが悪い」などの項目がリストアップされ、原因の考察と対処法が記されていた。姿勢が悪いと、背骨や目の健康を害することにつながる。学習用品が準備できないと授業についていけなくなる。不潔であることや、借りたものを返さないことは、友達をうまく作れないことにつながる、etc.

小さな子どもが周囲にいる場合、こういう視点がある程度必要なのは理解しているつもりだ。けれども釈然としないのは、子ども一人ひとりのすこやかな成長を重視するかのような言葉づかいの裏側で、実は教室内で等間隔に座るのに適していて授業を乱さない身体が、そして友達を適切に作ることで皆と同じ輪を乱さない人間が、あるべき姿として想定されているのではないかと感じてしまうからだ。

先に見たように、〈だらしない〉という言葉は行動実態や性格にかかわる非難をふくんでいる。しかし、とがめられるべきは本当に不快や嫌悪の対象となった側なのか。一定の鋳型にぴたりとはまって整然と並ぶ列からはみ出してくるものを、不快に感じ、あまつさえ排除しようとする、そちらのほうこそ誉められた態度ではないではないか。

嫌悪、吐き気、道徳判断する身体反応?

〈だらしなさ〉に向けられる、この不快や嫌悪はそもそもなんなのだろう。

曖昧模糊とした疑問にも思えるが、実は〈嫌悪〉をめぐっては独自の研究史がある。英語では disgust、フランス語では dégoût、ドイツ語では Ekel の語で表現される、気分を悪くさせるおぞましさをめぐる研究史である。日本語訳の難しい語で、〈吐き気〉と訳されることもある。

もちろん、〈だらしなさ〉に向けて吐き気のように強い拒否反応が示されることはまれだ。〈だらしなさ〉の感覚や表現は基本的にコントロールできそうな領域のものに向けられており、それゆえにさげすみと結びついている。一方、嫌悪と吐き気の研究史が目を向けてきたのは、簡単には人の手に負えないような、恐怖の感覚すら惹起する、いちじるしいおぞましさだ。とくに、聖性と不浄さを同根とみるような人類学の汚穢や不浄の議論とかかわってくるときはそうである。ただし重要なのはこの〈嫌悪／吐き気〉が、「境界のはっきりしないもの」「はみ出したもの」に向けられるとも議論されてきたことで、そこにおいて〈だらしなさ〉と問題関心が大きく重なってくる。

『人間と動物における感情の表現』でチャールズ・ダーウィンは、disgust はもっとも単純な意味においては「不快な味」であるとしている。★1 味を意味する gustus に否定の dis がついた語なので、語源としてもそのとおりだ。いっぽう『吐き気——ある強烈な感覚の理論と歴史』（竹峰義和・知野ゆり・由比俊行訳、法政大学出版会、二〇一〇年）を著した美学者のヴィンフリート・メニングハウスによれば、ドイツ語 Ekel は食べ物の味より手指の触覚イメージに寄っているという。たとえばドイツの現象学者アウレル・コルナイは、一九二〇年代にその名もずばり「Ekel（嫌悪、吐き気）」と題するエッセイ★2を書き、人が嫌悪をもよおすものの典型として「ぷるぷるするもの、ねばねばするもの」や「うっとうしくまとわりついてくるもの」をあげている。悪臭や、自身の体に入り込んでくる脅威もよく指摘される特徴だ。

ところで英語で disgust となる語が「嫌悪」とされたり「吐き気」と訳されたりするのは、それが感情と身体反応のあいだに位置する感覚と認識されてきたからである。憎しみや恥ずかしさなどの感情は出来事の解釈とともに生まれるが、嫌悪／吐き気はもののにおいや感触、味など感覚刺激から直接引き起こされる身体反応（むかつきや鳥肌など）である、とも言われてきた。近年しばしば話題にのぼるシルヴァン・トムキンスの「情動理論」（一九八四）では、嫌悪は有毒なものを外に吐き出そうとする補助的な身体作動メカニズムとされている。[★3]

しかし、何かに対する拒絶や忌避を生理的な身体保護の反射と呼ぶことは、自分が「それ」を避け、いやがり、排除しようとするのはどうしようもないことだという印象を作り上げるための言葉の操作である場合もある。それは現状「生理」「反射」などが、人間に普遍的で、価値観や社会関係といった変わりやすいものとは別の次元にあるととらえられていることにもとづいている。その普遍性や不変性がまったく前提にならないことは、清潔 - 不潔のにおいと質感にかかわる人間経験が時代や場所によって圧倒的に違ったことを考えれば明らかである（本書収録エッセイ「嗅覚の地理」「豚が『汚くなる』とき」「腐臭の境界」を参照）。価値観や社会関係は人の意図でどうとでも変えられるもの、身体感覚は不変のもの、という二項対立じたいにそもそもの誤りが含まれてもいる。

実はこのことは、嫌悪が人の行為や性格に対して向けられる語彙であることともかかわってくる。『嫌悪の解剖学』を著した歴史家ウィリアム・イアン・ミラーは、嫌悪の語彙を排除すると道徳感情を日常的な言葉で語るのは難しくなる、と書く。[★4] 嫌悪の語彙は人を動かす強い力をもつ。「出来事の文脈や背景を知らなくとも、誰でも瞬間的にわかる」と考えられているため、行為や性格への評価を、議論をすっ飛ばして共有しうるように感じられるのだろう。道徳的嫌悪が口にされるとき、そこには、ものごとのよしあしを感じとる原 - 人間的な感覚というものが存在する、そしてそれを自分が「まっとうに」もっている、という二重の声明が隠れているのかもしれない。しかしそれもまた、知覚刺激にかかわる嫌悪感や吐き気と同様に、人間にとって根源的で普遍的な感覚ではないし、その正しさを身体によって担保されているようなものでもありえない。

生きる身体を拒絶する

ミラーによれば、嫌悪（吐き気）はどの学問分野においても、けして人気のある主題ではなかったという。どうあっても品よく扱うことができないからだろう、とミラーは書く。退屈さや混乱について記述し考察する文章は、刺激的に（退屈ではなく）、理路整然と（混乱せず）書かれうる。しかし嫌悪は違う。嫌悪について考えるためには、どのような遭遇が嫌悪をもよおさせるのか、そのおぞましく気持ちの悪いものごとを具体的に詳しく記述していくほかない。すると、書けば書くほどその文章そのものが、ひいては考察をおこなっている本人が、吐き気をもよおす対象になっていってしまう。

汚穢にふれた人そのものが汚穢化する。けがれの忌避が起きるときの典型的なあり方だ。ある〈原因物〉に接触したことにより、あるいはその近くにいた／あったことにより、接触したものや近くにあったもの自身が伝染を引き起こしうる新たな〈原因物〉として遇されるようになる。

しかし嫌悪（吐き気）は、美や芸術など人間の生にとって重要な主題を逆側から照らし出す、避けては通れない主題としてとらえられてもきた。たとえばメンデルスゾーン、レッシング、カントのような一八世紀の美学者たちは、嫌悪（吐き気）を美と芸術とは根本的に相容れない、非 - 芸術として論じた。嫌悪（吐き気）と結びついた嗅覚・味覚（ときに触覚）はいずれも、対象となるものを身体の内部にとりこんだり、対象に接触しないと生じない感覚だ。視覚や聴覚のように離れた状態でも感じることができ、それゆえ客観的な判断が可能な感覚とはちがっている、と彼らは考えた。そしてまさに美と芸術の客観的基準をうちたてることこそが、その時代の美学者たちにとっては最重要の課題だった。

この過程からわかるのは、嫌悪と吐き気の感覚が、人の生から切り離しがたいが非常に扱いにくくとらえがたい対象でもある、と長く認識されてきたことだ。それは境界的で、思考が把握できる領域からどこかはみ出している。倫理学者マーサ・ヌスバウムの『感情と法――現代アメリカ社会の政治的リベラリズム』（河野哲也監訳、慶應義塾大学出版会、二〇一〇年）では、嫌悪の少なくとも一部分は、人が身体、それも死すべき身体から逃れえないことと交差していると論じられている。死の恐怖と否認のあらわれということだろうか？　腐敗や死体にかかわる忌避感は確かにそうとも解釈できそうだし、〈だらしなさ〉の意味のひとつとして挙げられる軟弱さに対する嫌悪にも当てはまることかもしれない。上述の現象学者コルナイも、死への恐怖と死にひきつけられる欲動のせめぎあい、という線で議論を進めていこうとする。

しかし死への恐怖にすべてを還元してしまうと、嫌悪や吐き気の経験とともに浮かびあがる重要な気づきを取り逃がすようにわたしには思える。排泄物、唾液や体液、化膿した傷、あらわになった胃や腸。これら不浄とされるものが突きつけてくるのは、死そのものというよりも、人の生が、もっとも厳粛な瞬間においてさえ有機的生物としての原理から逃れえず、物質性の次元のなかにあることではないか。

であれば、それを不浄と呼び根絶したり隔離しようとすることは、生を讃え死を厭《いと》う志向性ではない。むしろ「生きていること」への拒絶とさえ言える。嫌悪をもよおすあらゆるものから自由である〈浄〉は、生も死も超越した次元にある。それは生命の存在しない領域なのである。

おぞましさの感覚と社会化

ところで何かをきたない、おぞましいと感じ、それを忌避し、自身の身辺を整えていくことは、人が成長し社会化する過程と密接に結びついている。しつけと称しておこなわれる行動パターンの刷り込みのなかで、また身近な人間の反応やメディア表象に何度もふれるなかで、人は「これはきたないものなのだ」ということを学んでいく。

実はこれは、嫌悪ときたなさ、だらしなさをめぐる社会化の第一の段階でしかない。もうひとつ次の段階がある、と前述のウィリアム・ミラーは書く。人は成長するにしたがって、今度は逆に嫌悪を「免除する」能力を身につける。それが人の社会化にとって非常に重要な段階だというのである。ミラーの子は自分でトイレに行けるようになってまもないころ、排尿のたびに、飛沫がごくわずかに飛んだかもしれないズボンを「きたない」と言い、脱ぎたがってゆずらなかったという。これでは日々のいたるところでつまずきが生じてしまう。「少しぐらいのきたなさは問題にはならない」「たいていの人には多少、だらしないところもある」という適当さと曖昧さのなかで、よごれや乱れをやり過ごすことができるようになって初めて、人は他者とともにある生活になじんでいけるようになる。あるいは性愛的なものに人が足を踏み入れるときもそうだ。このとき人の嫌悪は一時停止の状態になり、他人の体や分泌物にふれることや、自身の体の内側に入ってこられることを受け入れ、欲することすらある。

さらにもう一段掘り下げて考えていくと、そうした一時停止の状態を「私」の時空間にとじこめようとする圧力こそが、実は〈だらしなさ〉の排除の根幹にあることが見えてくる。それが「公」の時空間にはみ出てこないかぎりは大きな問題にならないというわけだ。そこにおける「公私」の線引きは、えてして恣意的で、力のある者に決定権がゆだねられている。その線引きからはじき出されたとき、「だらしない人」も「潔癖すぎる人」も、ともに社会的排除の対象となっていくのである。

洗濯物の秘められた領域

〈浄〉へのこだわりは生きていることとの拒絶だ、と先に書いた。唾液や体液や垢《あか》などは、そもそも生命活動に不可欠な分泌物が、体内での役目を終えたり、うっかりあふれたりして体表から外に出てくるものである。髪や体毛の手入れ、掃除、身近な物品の整頓と情報の整理……、生命活動と生活を続けているとつねにこぼれ、はみ出し、乱れてくるので継続的に〈なおし〉、〈整え〉なければならないが、それがうまくできないと〈だらしなく〉なる。

しかし考えてみれば、乱れてくるものを〈なおし〉て〈きちんと〉しなくてはならないのはなぜなのか。風呂に入らなくても、洗濯を頻繁にしなくても死にはしない、とは人が限界状態になったときによく言われることだ。では、生命をすぐには脅かさない、さして重要でもないはずの事柄に、どうして人は毎日のようにかかずらっているのだろうか。

サラ・ピンクの「きたない洗濯物」という論文が、このあたりの話に関連していそうだ。★5 ピンクはデザイン人類学や感覚人類学のキーパーソンとして知られる人類学者で、この論文では、現代イギリスに生きる人たちが身のまわりの布類を洗濯する・しないという判断や行動を、どのような感覚体験や判断とともにおこなっているのかを調査している。なおタイトルの dirty laundry は「個人的な秘密、秘められた私事、内輪話」の隠喩として使われるフレーズでもある。衣服や生活空間のなかの、身から出るよごれや乱れとのかかわりのなかに、それぞれの人の「秘められた顔」が浮かび上がるというわけだ。

ピンクによれば、イギリスでは二〇世紀前半まで、洗濯物を「清潔にする」ための方法として熱湯消毒が重視されていた。しかし洗濯洗剤の商品開発が進み、かつ生活環境全体が衛生的になったことにより、熱湯消毒の必要性はしだいに薄くなる。すると見た目や触った感じやにおいなど、いろいろな感覚を総合した「きれいさ」が求められるようになってきた。なかでも重視されるようになったのが、洗剤の広告でも頻繁に目にする「フレッシュさ」の表現、つまりさっぱり、すっきりといったイメージと感覚である。

ピンクが取り上げる一例は、経済的余裕のある一人の主婦マーガレットのルーティンだ。彼女にとって洗濯やベッドメイキングは日常を形づくる重要な要素である。家にいるときも庭でガーデニングをするときも化粧を欠かさないマーガレットは、洗濯物を柔軟剤でふんわりさせ、フレグランスをかけて「よいにおい」にし、夫が短い時間着ただけのシャツをクローゼットに戻しているのを発見すると取り出して洗濯する。たとえ一、二時間であっても一回そでを通すと質感が失われるのだ。ドライクリーニング推奨など毎回洗えない衣服の場合は、開いた窓の近くにハンガーでつるす。衣服に起きた「体との接触」という出来事を、外の新鮮な空気で体臭もろともリセットするということだろうか。

この論文から思考はさまざまに広がる。洗濯や掃除は、たとえば料理などと比べ家事労働のうちでも非創造的とされ、やりがいのない「作業」と見られていることが多い。趣味でおこなう人は少なく、自分以外の同居人のなかに「主婦」がいる場合、その人まかせで自分はほぼノータッチという人も多いはずだ。洗濯や掃除、洗い物は、長いあいだ人の——男性 man の——自律性にとって重要な行為だと考えられてこなかった。しかし考えてみれば、ものを片づけ、こすり、洗い、拭くこれらの作業は、体のすぐ周辺のものの状態をめぐる根源的な営みともいえる。生活空間における乱れの侵入をときには防いだり、ときにはゆるしたりしながら、ものと不断に付き合いつづける。そこではスムーズさや安全性など機能的側面と、美観をめぐる側面が分かちがたく渾然一体となっている。

とはいえ、「フレッシュな感じ」を追求するマーガレットのこだわりが、中産階級の主婦というジェンダー化された理想と密接にかかわっているのも事実だ。家や庭という空間を「きれい」で「気持ちのよい」質感に維持しておくこと、言い換えれば有機的身体がそこで代謝をおこなっている兆候を徹底的に取り除くことが、よき主婦であることのパフォーマンスであり彼女の誇りなのだろう。こうあるべきという社会規律がそこでは強い影響力をもっている。

しかし実は、人が自身や近くにいる人間の身辺を〈律し〉ようとするとき、それは個々人や私的な文脈の外にある社会規律と完全に一致はしない。自分が、あるいは身近な他者が、継続的に「ある」ことのできる状態、「いる」ことのできる場所があると経験的にわかっていて、その状態と場所に流れる〈律〉に近づけようと模索するのだ。それはいわば、〈律〉であっても規律ではない何か——肌感覚と情動と思考のなかにしみこんだ〈旋律〉ともいえるものなのではないか。

ピンクの論文には、もう成長して働いているマーガレットの娘ヘレンも登場する。ヘレンは身の回りをフレッシュに整えることが母親ほど得意でない。時たま自分の洗濯物を母親のところに持っていって、手洗いしてくれと頼む。甘えているというか、だらしないというか。ただヘレンは、服やクッション、ベッドリネンを異なる素材ごとに吟味して手入れする母親を尊敬しつつも、異なる旋律を発しているようだ。ピンクとの会話のなかで、彼女は一度着たTシャツは乱れているように見えても、むしろ身体になじむのだ、と語る。その発言に、生きるものの痕跡を根絶しようとする社会規律とは異なる自分なりのありかたで、肌にまとう衣服の感触を模索する手さぐりを、わたしは感じたのだった。

片づけの極意を友人に教わったときのことをもう一度思い返す。それまでのわたしは、鉛筆やメモ帳や定規やペンといった文房具を同じ向きに並べ、大きさ順に並べ、空いた隙間にぴったりと入るものを探していた。

目の前の小さな物品の数々がわたしに実現可能な最高レベルで「整っている」つかのまの充実感と、少しずつ状況がそこへと向かっていく過程の感覚を、わたしは愛していたのだと思う。短い順から長い順へとぴったりと並んだ鉛筆。その表面を指でなぞったときの感触を、わたしは今でも、人差し指と中指の腹に感じることができる。

それはある種のよろこびに向けられたわたしなりの旋律だった。けれども同時に、こまごまとしてすぐ散らばり、頻繁に出し入れする文房具と毎日継続的につきあっていくための片づけの方法としては、まったくなっていなかった。引き出しや部屋はすぐに乱雑になり、いらいらした気分になる。大事なものが見つからず生活に支障も出る。一方で友人が教えてくれた方法は、道具の使いやすさを重視し、かつ長期的な維持が可能な適度な秩序を求める、すぐれたやり方だった。

しかし、原理を多少なりとも理解した今も、そのやり方は実践できていない。身体がついてこないのだ。わたしの旋律とどうも噛み合わないらしく、気づけば昔ながらの、すきまをぴったり埋める作業にシフトしている。あのつかのまの充足感覚が、今もわたしをとらえている。

★1—Charles Darwin (1872) *The Expression of the Emotions in Man and Animals*. John Murray.
★2—Aurel Kolnai (2003) *On Disgust*, Edited and with an Introduction by Barry Smith and Carolyn Korsmeyer, Open Court.
★3—Silvan S. Tomkins (1984) "Affect Theory," in Klaus R. Scherer and Paul Ekman eds. *Approaches to Emotion*. Psychology Press.
★4—William Ian Miller (1997) *The Anatomy of Disgust*. Harvard University Press.
★5—Sarah Pink (2005) "Dirty Laundry: Everyday Practice, Sensory Engagement and the Constitution of Identity," *Social Anthropology* 13(3): 275-290.

きりがない——ゴキブリの足音が聴こえた朝

中村沙絵

古民家

ほんとうによく、生きものが出没する家だった。

築年不詳のその古民家は、京都市のはずれの山のふもと、由緒ある邸宅街の一画にある。瓦の下にしかれた銅板は錆びて劣化し、古びた焼杉板の外壁はところどころ反《そ》りかえっているが、その佇まいは厳かな屋敷風だ。高々と茂った百日紅《さるすべり》には白い花が咲き乱れ、椎や杉の樹が程よく影をつくっている。松の木や木斛《もっこく》、馬酔木《あせび》に囲まれて、涸池まである。観光客が道すがら、とても素敵ね、と写真を撮っていく。

「とても素敵だけどさ。到底私たちの手に負える代物ではないよ」。引越し先として夫から紹介され、この家を見学しにいったとき、私はそう言って元のマンションに留まり続けようと交渉した。しかし、子どもの小学校が比較的近いこと、「庭の手入れは僕がやるから」と言い張る夫の気概、そして、いわゆる京都らしい風情ある暮らしへの淡い憧憬の念もあって、結局、引越しに踏み切ったのだった。

案の定、庭の手入れは最低限にしかできなかった。徐々にすさび荒れ、特に夏などは大変な有り様だった。ずぼらな私たちは、たまに思いついたかのように草刈りをするくらいのもので、品格ある樹々はその本来の生命力を自由に発揮して想い想いに伸びた。ドクダミ、ヌスビトハギ（いわゆるひっつき虫）、カラスノエンドウなどの強力な後援もあって、近所の雰囲気には似つかわしくなく、非常に野生的な庭になった。

こうして私たちは、何だか自分たちには不釣り合いなほど立派で、大きく、そしてワイルドな家に暮らすことになった。居間や台所に臨む庭の景色は季節の移り変わりを感じさせ、家事や仕事で余裕のなくなった私の心を静かに癒してくれた。鳥の鳴き声で起き、虫の鳴き声を聴いて床につく暮らしを、特に都会育ちの夫は愛した。子どもたちは、庭に生い茂るヒメジョオンやらを摘んではガラス瓶にさして飾り、そこら中を飛び回るバッタを捕まえては、手をするりと抜けだしていくのを追いかけた。しかし、私の印象に強く残っているのはそんな情趣ある場面（だけ）ではない。しばしば何者かが不意に侵入してくるその古民家は、壮絶なドラマが静かに繰り広げられる場所でもあった。

虫たちの洗礼

都会・郊外育ちの無知な私たちを待ち受けていたのは、虫たちの洗礼だった。ぐねぐねした

そを偉そうに諭したりした。

初めはその物体は、まず二階の寝室にあらわれた。情けないことに、初めはそれが「百足《ムカデ》」であることすら認識できなかった。ただただその形状と動きに慄《おのの》き、大量のティッシュで叩いた。叩いても叩いてもまったく効かないばかりか、かえって激しく動き回るその姿に、くらくら眩暈《めまい》がした。

「あれはね、火であぶるしかないんだよ……」「長い火箸を這い上がってこようとしてね……」。知り合いからあれやこれやの体験談を聞くにつけ、私たちは本格的な戦闘モードに入っていった。あるときはベッドの隙間に、またあるときは居間に寝転んだ私たちの鼻先に、彼らは突如としてあらわれた。いつからかうちでは、「凍結スプレー」が必需品となった。数秒続けて噴射するとムカデは動かなくなり、片方からさーっと白い霜がおりるように変色していく。私たちは躊躇なく、ひたすら彼らを凍結し、割りばしでつまんでは外に捨て続けた。

ムカデの出現率が減ってきたと思うと、しかし、今度は別の侵入者がやたら目につくようになった。畳と畳の隙間から、「ヤモリ」が音もなく出てくる。しとしと雨のふる朝には、ダイニングの畳に「ナメクジ」がペタッと黒い点をつくっている。雨が降り続くと、まるでノアの箱舟に乗ってやってきたかのように、「小アリ」が大量発生する。子どもは「ナメクジくん」なんて、余裕のある対応をしている。確かに彼らは、ムカデに比べれば害はない。「アリくらい、どこにでもいるから気にすることないよ」。私も平静を装い、アリを指でつぶしまくる子どもを偉そうに諭したりした。

しかし、あまりにしつこかった。いつまでたっても足元をちょこまかと動き回る小アリの群れに、台所を、家を乗っ取られたような気持ちになり、私は徐々に嫌悪感を募らせた。梅雨が明けたある日、私たちはアリ退治用の薬をはじめて購入し、台所や居間にしかけた。濃いピンクや黄緑の、花形や葉型を象《かたど》ったプラスチックに入ったその毒は、巣ごと退治するだけの強い威力をもっていた。しばらくすると、あれだけしつこかったアリたちは、ぱたっと出てこなくなった。

「益虫」が怖い

虫たちの洗礼をうけ、少なからずこれに気を揉んでいた我が家にとって「益虫*」は大いなる味方となる――はずだった。だが、字義どおり「身の毛のよだつ」思いをしたのは、むしろ益虫とされる者たちとの遭遇だったように思う。

「ゲジゲジ」との対面は忘れられない。皆が寝静まった晩、畳にじゅうたんを敷いたその部屋で書きものをしていた私は、紙に焦点を定めていた目の端っこに何やら黒い影が動くのを感じた。ふと顔を向けると、そこには、長すぎて鋭角に曲がった何千の足（百足《ムカデ》よりも遥かに衝撃的な「足」だったのだ）。波を打つように連動して動く長く細い足は、太い胴につながれてゾワゾワとうごめいていた。私は家中に響く太く短い叫び声をあげ、後ずさりした。即座に『足がすごい　家に出る』とスマホでその正体を探る。益虫と知って少しはほっとしたものの、いやしかし、その形状に、波を打ってうごめくその体軀に耐えがたい気味悪さを感じて、鳥肌が収まらない。大声に驚いて起きてきた夫に、その始末をおしつけたのだった。

迫力では「アシダカグモ」が勝《まさ》っていたか。色はくすんだ茶で毒々しい感じはしないが、ただただでかい。足を含めると、子どもの顔は優に覆いつくしてしまう。またこれが、縦横無尽にとにかく速く動く。質量感もあるので、障子やふすまの上を通るときには、ダダダダダダダと、ただ事ではない音を響かせる。視界に入ってきたときの衝撃は筆舌に尽くしがたい。身がすくんで、動けなくなる。この巨大クモが、ときにはネズミまでも（？）捕食する強力な「益虫」であるという情報を入手した私たちは、はじめは名前をつけるまでして、共生を試みた。しかし、いつどこに出てもおかしくないその存在は、まるでパノプティコンが囚人の精神／身体を支配するように私の世界を支配してしまった。朝窓をあけるとき、食事をつくるとき、トイレに行くとき、私はその質量感のある胴と足の気配を常に感じていた。歩く（＝視界がひらける）度に身体が緊張するのだ。落ち着かない日々が続いた。結局、この初対面のアシダカグモも悲しい顚末を迎えた。つぶされてぐちゃっとなった死骸は、思ったよりも小さく、どこか頼りない感じがした。

*——益虫：「害虫／益虫」とは後述するとおり決して自明ではなく、恣意的な区別なのだが、家の中や畑に出てくる「害のある虫（毒をもって攻撃したり、作物を荒らしたりする）」を捕食してくれる虫たちを指す。

極めつけはねずみだった。どうやら台所にあるクーラーの室外機から中へ入ってきたようだった。黒っぽくて、手のひらより大きいくらいだ。ところどころ何か嫌な臭いがしていたのは、そのし尿だったのかと気がついた途端、私の中で何かがプツンときれた。台所に入って調理をすることが億劫になり、うちでは数日、弁当や外食が続いた。

週末、意を決してＤＩＹの店に行った。効くかどうかよくわからないとりもちと、最も毒性の強そうな「毒だんご」を選んで購入した。設置して効くのを待った。

ねずみの気配が薄まってもしばらくは、帰宅する度に無意識に家の中のにおいを嗅いでしまう自分がいた。獣臭、尿臭、あるいは湿気のせいかもしれないが何か嫌な臭いを微量でも感知すると、私はすぐに暗く重たい、嫌な気持ちに引き戻された。毒を食したねずみが屋根裏で徐々に弱り、死骸になって、腐敗していく像が頭を離れない。家がねずみに飲み込まれてしまったかのような、私がその体内に入ってしまったかのような感じがした。なかったことに、見なかったことにしたい。始末をしたことすら忘れたい。いくらそう思っても、嫌な余韻は簡単には消えなかった。

都合のいい言葉

「素敵な古民家」での暮らしは、このように、矛盾に満ちた試行錯誤の繰り返しであった。気味の悪い「害虫」を容赦なく殺せば、別の小さな虫が湧きでてくる。かわいいもんだ、と強がって受け入れようとするが、嫌悪感をおぼえた途端に処分する。突如、彼らを捕食する虫が「益虫」として現れ、共存を試みる。しかしその存在感にも耐えられなくなれば、「益虫」はただちに「害虫」となり、私はまたこれを処分する——。

子どもたちには「その小さいクモは放っておきなさい」なんて諭しておきながら、途端に凍結スプレーを噴射し始める自分はとても滑稽だった。そんな自分をこそ「汚い」とも思った。「害虫／益虫」とはなんと都合のいい、恣意的で、勝手な言葉だろう。

環境史学者の瀬戸口明久は『害虫の誕生——虫からみた日本史』（ちくま新書、二〇〇九年）の中で、「害虫」という存在は自明なものではなく、近代日本において歴史的に固定化・強化されてきたものだという。明治から大正にかけて近代農法が導入され普及すると、応用昆虫学の再編成とともに〈農業害虫〉が類型化され、化学の力で排除すべき対象とみなす態度が民衆にも広まった。特に第一次世界大戦から太平洋戦争にいたる流れの中で、食糧問題の深刻化と近代農業の徹底化への要請、化学製品輸入の途絶と国内の殺虫剤産業の勃興、その開発過程での軍の化学兵器研究の貢献などが複雑に絡み合い、〈農業害虫〉の地位を確固としたものにしていった。また太平洋戦争の開戦によるマラリア問題の登場は、公衆衛生学や衛生昆虫学の進展へとつながり、ハエやゴキブリをふくむ〈衛生害虫〉の観念を普及させた。こうして、応用昆虫学が戦争を通じて国家の目的に合うよう再編成されるなか、近代日本における「害虫と人間の関係」は形成されていったという。

「害虫／益虫」の強化や種差別（speciesism）*化が植民地拡大や人種差別が荒れ狂う大戦の最中に起きたことは単なる偶然ではないだろう。さまざまな種差別が科学的裏づけと共に制度化されていった背景には、土地や生命過程を極限まで搾取・利用し、あるいは我が物にしようとする人間至上主義的な空間の再編成があった。ある民族や人種を「害虫化」することは、その支配や排除を正当化する言説的手段となっただけではない。害虫駆除のために開発された毒は、こうして他者化された人々の殺戮に用いられたのだ。

ある意味、その歴史の延長線上に、凍結スプレーも、アリの巣コロリも、ネズミの毒だんごもある。「なかったことに、見なかったことにしたい。始末したことすら忘れたい」。私の感じた嫌悪感は、人間のおぞましい歴史と重なりながら、私を深いところでえぐってくるようだった。

揺らぎ

「害虫／益虫」という分類が恣意的である、というとき、そこに人間中心至上主義を読みとることもできるが、これとは別の解釈もできる。それは、この分類が主観的な部分を多分にふくみ、ゆえに認識（言葉）によって区分されつくす類のものではないこと、認識以前の、身体の次元での反応に依拠する部分が大きいことに由来する。例えば家族の間でも、個人差がある（e.g.

ナメクジは私は嫌だけど、子どもに任せられるから良し。大きいヤモリは夫を震え上がらせたが、私は見過ごせる等）。同じ人でも、過去や前後に遭遇した虫の種類・数、遭遇したときの経験の質、あるいは、その時々の状況や身体の調子、部屋のつくりや明るさなんかによっても、反応は変わりうる。意識し自覚する前の身体の反応によって大きく規定される虫への関わり方は、この揺らぎゆえに矛盾に満ちたものとなり（いくら「益虫」だと自分に言い聞かせても、その存在に身体がどうしても慣れず、処分してしまったように）、固定的な「害虫／獣」を想定する害虫駆除マシーンの枠組みからも必然的にズレていく。

このズレを自覚したのは、実はねずみの毒だんごを購入しにDIYショップに行ったときだった。周りには、「害虫／獣」退治のグッズが一面に陳列されていた。それらには、私があの家で遭遇したり見かけたりした、あらゆる生きものたち――ムカデ、ハチ、アリ、ヤモリ、ナメクジ、クモ、ゲジゲジ、ネズミ、ハト、ハクビシン等――が、「害虫／獣」と一括して総称され、顔のない黒いシルエットで、いかにも不気味そうに描かれていた。私はちくっとした違和感を覚えた。ねずみを早く処分したいと強く願いながらも、これは乱暴にすぎる、と思ったのだ。私たちは、これらの生きものを少しずつではあるが、経験的に知っていた。経験上の

＊――種差別は「ある種が他の種よりも本質的に優れていると信じること」をさす。心理学者のリチャード・ライダーが提出した概念で、ピーター・シンガーの『動物の解放』（戸田清訳、人文書院、一九七五＝二〇一一年）で広く知られるようになった。

害虫と、害虫駆除の対象としての害虫とは異なるものであることを、ぼんやりとでも意識した瞬間であった。

古民家で過ごす時間には常に虫たちがいて、しかしそこには周期があることが次第にわかってきた。冬には静かだった彼らは、春の訪れとともに顔を出すようになったり、梅雨どきに間借りをはじめたりした。アリが大群でやってくるのは、やはり梅雨時と梅雨明けであった。食べている間に周囲をうろうろされるとやはり気になってしまうので、箒《ほうき》で外に掃き出してからご飯を食べ始めた。余裕もなくイライラしているときは、掃除機ですってしまったこともあった。しかし毒は買わなかった。それが行き過ぎた介入、もっと言えばむなしい努力であったからだ。梅雨が明けてしばらくすれば、それらはまたダイニングからは去っていった。

アシダカグモも、三度、四度と回数を重ねるにつれ、その存在を受け入れられることが増えてきた。その大きさに度肝を抜かれながらも、しかし私たちは、アシダカグモの出現が、他の虫たちの増加に引き続いたり、先行したりすることを経験的に知った。季節のリズムに沿って現れるアリとは違い、アシダカグモは、この家をとりまく生態系の複雑な営みを垣間見せるインデックスのようにふるまった。もう無理して名前などつけなくても大丈夫だった。やはり緊張はする。しかし彼がいるかもしれないと身構えればいいだけの話だ。厳しい上司がフロアにいるときのような緊張感とでもいおうか、「ここにいたんですね、失礼しました」そんな風に接することが徐々にできるようになっていた。身構えることと、身がすくむこととはまったく別だった。古民家の外に広がる豊かな生態系からみてみれば、あるいは、土をコンクリートで塞がずに、高床式にすることで通気性を維持するよう工夫されている家の造りからすれば、そこにさまざまな身体があらわれることはむしろ「自然」である。いつからか、そんな風に感じられている自分がいたように思う。

ゴキブリの足音を聴く

私がゴキブリの足音を聴いたのは、そんなときだった。

あらかじめ断っておけば、ゴキブリはとても苦手だった。調査地のスリランカに滞在しているときは、「ほら私たちの友達がいる」なんて言いながら、スリッパをつっかけた素足で外に蹴りだすくらいの度胸があるのに、なぜか帰国するたびにゴキブリへの嫌悪感は増していった。当時はゴキブリへの嫌悪感は揺るぎないものに思われた。それは病原体回避行動を生み出すための心理的適応だとか、人間を遥かに超える生命力に本能的に忌避感を感じざるをえないのだとかいう眉唾な説明も、私には尤《もっと》もらしく響いた。古民家に越してきたときも、それに遭遇した途端、無気力に襲われる程度には苦手だった。ホウ酸だんごのようなものは欠かさなかったし、見つければ容赦なく退治していた。

ある静かな、晴れた朝。皆が家を出発したあと。私は畳にじゅうたんを敷いたその部屋で、散らかった衣服をせっせとたたんでいた。コンタクトレンズをつけていなかったので、世界はぼんやりしていたが、その代わり聴覚はクリアだったのだろう。カサカサカサカサ……障子のふすまの木の枠の方から、そんな音がかすかにした。視線をそちらに向けると、すべてが「静」の世界に、一点の「動」、黒い影。少し近づいて、目を凝らした。流線形のこげ茶色の体軀と、そこから伸びてもぞもぞと動く、長い触角。

あぁ、ゴキブリだ。なんだ、桟《さん》*を歩いてるのか。
そんな細いところも歩けるのか。落っこちないかな。

妙に穏やかなのが不思議だった。ゴキブリがふすまから廊下にむけて消えていくのをみとどけると、私は、また何事もなかったかのように衣服をたたみはじめた。きっと誰かに食べられるのだろう、という、つきはなした哀しみもあった。同時に、何か世界が小さく反転したような気がした。ゴキブリが「歩く」のを、まさにそのことそれ自体として単純に感受できたこと、それは、滑稽で壮絶なドラマの末のささやかなご褒美のようにも思えた。大げさかもしれないが。

ゴキブリの足音を聴いてから、私はゴキブリを一度も退治していない。もちろん好きでもない。ただ、ふーん、としか思わなくなった。身体が先に動き出すのであり、頭で理解したり制御しようとしても限界があるから、また次出たときにどうするかはわからない。ただ、理性だけでは克服できないことも、知らぬ間に起きた身体の変容によって受け入れられることがあると知った。

それは一種の諦めでもある。実際、ふーん、と思いながら見逃すとき、汚いものをそのままにしているような、例えばテーブルにはねた油をそのままにしているような、自分が怠けものになってしまったような気分になることがある。しかしこの諦めは単なる怠惰とも違うと思う。それは身構えを要する。この身構えは、自覚的に身につけられるものでも（おそらく）ないし、侵入者に遭遇したときにしか意識化されない。古民家で過ごした濃い時間は、私にこの捉えがたい身構えをとらせるのに十分だった。

しかし、どこまでいっても消えない外部がある。ゴキブリをみてふーん、とそれを見逃すとき、私はどこかで、獲物を鋭く知覚して活動しはじめるクモや、それに類する存在を想定している。そして、その存在者がボスのように君臨できるのは、おそらくいまだ私が克服できていない、ねずみやムカデといった「外部」がその先にあるからなのだ（ねずみが出た後に遭遇したとき、

*——桟：障子の木枠。

アシダカグモに対する心理的ハードルがぐっと下がったのは紛れもない事実である）。その外部は、ついぞ崩されることはないのだろうか。

一か月前、私は古民家を出て、大都会に引っ越してきた。ビルや高層タワーがたち並び、高速道路や線路が空を横切る。唯一空がひらけるのは、川の上だ。東京湾からさほど離れていない下流域なので、川幅はかなり広い。水は濁っていて底は見えないが、太陽の光を反射してきらきら光る。この川に架かった橋を渡りきって交差点を越えれば、家につく。

先日、川沿いに並ぶ飲食店の裏口沿いで、わたしは確かにねずみを目撃した。ゴミ箱のふたからガタンと音を立てて、それは外に出てきたのだ。あっ。思わず声がでた。聞けば、川にはたくさんのねずみが泳いでいるとか。私の外部が崩される日は、来るだろうか。

もつれる――雑草との共生と競争

オスカー・レン

「いくら根を除いても無駄だよ、必ず生えてくる」

新型コロナウィルス感染症が始まって数か月が経った二〇二〇年の春。イギリスでは感染者が急激に増加した結果、政府によって厳しい「ロックダウン」の規制が導入され、必要品を買うこと以外家から出られない状況の中で、多くの人々がガーデニングに熱中するようになったが、私もその一人であった。その春は例年より暖かかったのもあって、種まきから、鉢植え、植え付けまで、大好きな品種のビーフステーキ・トマトやリッジ・キュウリなどを熱心に育て、庭にあるビニール・ハウスの土をきれいにしてたくさんの収穫を楽しみにしていた。ところが、ハウスの中の土を手で耕しているうちに頻繁に目にしたのは、細長く脆い深くまで伸びる白い根だった。この根はバインドウィード（ヒロハヒルガオ・セイヨウヒルガオ *Calystegia sepium/Convolvulus arvensis*）というものすごい早さで成長する植物で、一センチ以下の根からでさえ増殖できてしまう。驚くほどの速さで広がり、他の植物や樹木の幹に這い上がり、絡みつき、覆ったりしてしまうため、「最悪な雑草」として知られている植物であった。「いくら根を除いても無駄だよ、必ず生えてくる」という父親の言葉が頭に響いてはいたが、数日間かけて丹念にハウスの土を濾《こ》して、白い根だらけのものから、均一で「清潔」な壌土を保てるように努力した。しかし、数週間後、野菜を植え付けたときには、バインドウィードの蔓がすでに数か所頭を出していた。夏になると地面、植えた野菜の茎や隙間、ハウスの枠さえ、バインドウィードだけでなく、茎と葉に毛があって服にすぐひっつく'sticky willy'（シラホシムグラ　*Galium aparine*）や、茎が丈夫で葉っぱのとげに刺されると痛くなるnettle（イラクサ・ヒメイラクサ　*Urtica dioica/Urtica urens*）、根が浅くとりやすいがすぐに広く繁殖してしまうchickweed（コハコベ　*Stellaria media*）などに覆われた、雑草だらけの空間になってしまっていた。

このような雑草を除去したいと思うのは、苦労して栽培している野菜が覆われてしまう心配、つまり、自分の手で作った、美味しいものが食べられるという「ゴール」が奪われうる不安感、と繋がっていたんだと思う。しかし、その年に毎週ごとにバインドウィードなどの刈り取りを繰り返して気づいたのは、大事に育てている植物の茎を這い上がっているものだけではなく、植物と植物の間に生えているものや、ビニールハウスのプラスチックカバーが地面に着くところの端っこまで草取りしたいとどうしても思ってしまう、ということであった。大事な植物と雑草が同じ空間にあること自体が許せなかった。つまり、トマト、キュウリなど、自分が育てるために植えた身近な植物と、バインドウィードのような思いがけない侵襲的、外来的な雑草を除去しようとする作業は自分にとっての「あるべき農業」の中心にあるもので、ハウスの雑草だらけの畑を見た瞬間、栽培している野菜だけでなく、自分も雑草に覆われかけているかのような感覚が湧いたのであった。

場違いなものとしての雑草

何が「雑草」なのか、何が「有益」な植物であるのかという区別をつけるにはどのような条件があるのか。盛夏にハウスで草取りしているときに切実に感じたのは、雑草は基本的に違う生き物であるということだった。農業で取り扱われている殆どの品種は実・種が成るまで少なくとも数か月が必要で、人間が容易に管理できる。逆にいえば、人間が管理しないとうまく育つことができないものである。それとは異なって、雑草は数週間で茫々になって、私たちに手をかけられずとも、広がり、繁殖する、管理するのが難しい生き物である。また、きれいに耕され、堆肥が撒かれた土にしかうまく実が成らないナスなどと比べて、雑草は庭の端にある、日が当たらない、土が乏しい場所でも生存するどころか、どこでも生い茂ることのできる頑強な生き物でもある。あらゆる方向に広がり、絡みつき、這い上がり、庭が「支配」されるまで蔓延するからこそ、雑草は庭の「秩序」を維持しようとする庭師の敵とされてきた。雑草についてよく耳にする「overrun with weeds」や「get on top of them」などのフレーズが示唆するのは、自分が管理している、自分が知っている植物が生えているところを「支配・侵略」される前に雑草を「支配」する必要がある、ということだ。また、「雑草の種ができ始める前に取らないと三年（四年、五年）苦しむよ」というよく耳にする警告も、目の前の生えているものだけではなく、土に潜んでいる潜在的な脅威を指し示す。このように荒々しい雑草は「ワイルド」な、管理しづらい（そして管理しなくてはならない）ものであるからこそ、根気よく整理し秩序を達成しようとする畑にとって「侵入」や「敵」として意識されてきたのだろう。

一〇歳の頃に「あいつらはすぐ庭を支配するもんだよ」と庭に生えていた植物をみて父が言った。ところが、その次の週末に、父はその植物を植木鉢にきれいに植え替えてファーマーズマーケットで売っていた。そう考えると雑草と私たちにとって好ましい植物の違いは「早く生える」「頑強である」「自然のものである」という特徴のみによって定義されているわけではない。我々がいくら雑草かそうでないかきちんと境界を定めようとしても、いつも例外が潜り込む。地面に埋まった植木鉢が割れたため、そこに植えたミントが急に数メートル成長し、庭に蔓延《はびこ》ったこと、春にはトゲに襲われて傷を負いながら争っていたbrambles（キイチゴ）が、秋に実がなるとパイ・コンポートに不可欠な植物になること、などなど。このように、好ましい植物と雑草、つまり有益な種と無益な種の間の境界は穴ぼこだらけであり、「雑草」は庭との実際的な関係性や季節の循環につれて、再定義されるどころか、境界自体をぼかしたりする。雑草の定義については具体的にどのように植物が「知られている」かも重要である。苗を間引きするときなどには、雑草の品種や特徴をしっかり知って刈り取っているわけではなく、好ましい植物でないものを排除するというように、「否定的な定義」によって雑草と決められていることが多いだろう。「Bindweed」や「nettles」など、二つ以上の品種（それとも異なる属にある植物）を指す名称が、好ましくない似たものの総称として扱われていることも、同様だといえる。

雑草に関わる「境界」は、品種の間だけではなく、ハウスの端まで草取りしたくなる気分にみられるように、空間がどのように隔てられているかにも深く結びついている。ビニール・ハウス、レイズドベッド*、園路、垣根、畦、草地などの配置によって、庭・農場の空間は三次元上の様々な方向に区別されている。このすべての空間は「of dirt」（というか、壌土によって可能になっている）であるが、だからといってすべては「dirty」であるわけではない。むしろ、草をとったり、除草剤を撒いたり、防草シートをかけたりするという庭の「管理」と、雑草の蔓延（そして、ハリネズミやミミズから微生物の線形動物にいたるまで、多種多様な生き物の働きかけ）の間の関係性によって、何が「きれい」な空間と何が「汚い」空間、そしてその間の境界線がどこにあるのかが定められる。しかし、栽培種とそれ以外との区別と同じように、ビニール・ハウスの端の下から這ってくる蔓や砂利のパスから突き上げる緑の房などで、その境界線は常に崩される。「matter（モノ、問題）」が場から漏れ出そうとするのである。

＊——レイズドベッド：板などを利用して土留めを作り、床面を高くして菜園や花壇を作ること。ヨーロッパでは露地栽培の造園方法としてよくみられる。

「攪乱の生き物」

雑草は荒野（wilderness/the wild）、つまり、人間の活動以前・以外の世界に帰属していると思われやすいが、雑草の歴史と農業の実践は様々な意味で深く結びついている。耕耘（そして森林の伐採、焼き畑など）という人間の営みによって攪乱したランドスケープは雑草が蔓延る環境を生成し、また、人間のランドスケープをまたがる移動も、雑草が蔓延する最適な手段をもたらした。現代に出会う雑草は人間の活動とともに、後期更新世に人間によって攪乱されたランドスケープで初めて生い茂る野生植物「原始雑草」（'proto-weeds'）から発展した。[★1] このように水の吸収率、成長率、拡散可能性が高いという特徴を持った「シナントロープ」（synanthrope）は進化しながら、人間についてきて、ランドスケープの攪乱とともに拡散している。[★2]

アナ・ツィンは人新世（つまり、人間の活動が地球の気候・生態系に顕著な影響を与えているとされうる時代）においてどのようにランドスケープが様々な形で攪乱されてきたかを説明しており、そこでは異なる種類の雑草だけでなく、むしろ異なる形式の「雑草性」（weediness）、つまり、攪乱の中で蔓延できる生存力も生み出されると指摘している。[★3] 一万年前に起こった動物の家畜化・植物の栽培化が特定の植物を「雑草」にしたが、その後、一八世紀以降、産業化の進展に伴った単一栽培と合理化によってさらに違った形でランドスケープが攪乱され、それによって、異なった種類の雑草が変化するランドスケープに適応しようとし、そこにおいて認められる雑草性の位置づけも変わっていったのである。いずれも「攪乱の生き物」（creatures of disturbance）ではあるが、どのような植物（または他の種）が雑草として拡散し、そして「雑草」とみなされているのか、人間によって管理されたランドスケープ攪乱の在り方によって変わってくるのである。

近代農業においてツィンがいう「攪乱」は特定の場所にどのような形であらわれているのか。また、このランドスケープにおける雑草性は「攪乱」を引き起こす人々によってどのように感じられているのか。数週間前に、フィールドワークを実施している長野県の村で出会った農作業の仲間が、植えたばかりのブロッコリーの苗の列を振り返ってため息をつきながら「大分曲がっちゃったな〜」と言った。さらには自分の畑でも溝を掘ってジャガイモをきれいに植えようとしたが列がまっすぐにならなかったと気づいたときにも、何かがぐしゃぐしゃしている、という不快な感覚を体に切実に感じた。少し考えてみると、農業や林業の規範的な形式は苗・人工林の列をまっすぐにすること、田んぼやハウスを正方形、直角に整列させるなどジオメトリックな形*ばかりであり、自分にもそれに整合せざるをえない気分が確かにあった。

近代農業のランドスケープの雑草性は特定の植物を「場違いなもの」として認めるだけでは

*——ジオメトリックな形：このような形はアナ・ツィン（チンとも呼ばれる）がいう「スケーラビリティ」（規格不変性）、つまり、あるプロジェクトの骨組みや基本的な関係性を変えずに拡大できるという「進歩」の資質に合致しうるものである。「スケーラビリティ」は多種との複雑な関係性や「汚染」を排除するという疎外も含意し、単一栽培などに見られるように、近代農業の特徴であるといえる。アナ・チン『マツタケ——不確定な時代を生きる術』（赤嶺淳訳、みすず書房、二〇一九年）

ないだろう。むしろ、その植物の基本的な特徴である「不確定性」がランドスケープの形を下支えするロジックを歪めることにあるといえようか。刈り込んだビニール・ハウスの緩い土で蔓延したバインドウィードの蔓は直線とはっきりしたエッジによって特徴づけられた、自分が定めたその空間のイメージをぶち壊す存在なのである。結局、人間が周囲環境を築いてきた歴史と絡まりあって存在する「攪乱の生き物」は、私たちから離れた「wilderness」からやってきたわけではなく、むしろ人間の営みの「汚い端っこ」でこそ蔓延でき、そこから踏み出してこようとする存在だ。そこにこそ雑草性がある。

庭から食卓へ

雑草との殆どの出会いは地面の境界を侵される畑で起こるが、雑草は更に親密さの境界をよく超える、または超えようとするものでもある。畑から食卓にあがるまでにおいて、泥だらけの野菜は水に流し、洗ったり、剝いたり、不要な（≒気持ち悪い）ところを切って捨てたりすることで、「汚い」ものが料理に使える、食べられるものになる。しかし、料理しているときに、「喜ばれない汚いもの」は土だけではない。サラダを食べているときに三〇分前にとった葉っぱの中に、レタスやルッコラではない、何らかの緑が出てくることもしばしばある。たまにはこの経験が恐ろしくなることもある。友人と一緒に料理をしたある日、だれかが庭からとって切っている「ハーブ」を見て、パセリと同じせり科ではあるが、パセリでは確かにないことに気づき、ドクニンジンか、と焦り始めた。

いうまでもないが、すべての雑草は毒のものではもちろんない。イギリスの庭でもよく目にするし、世界中、農業が行われているところでは必ず見られるほど各地に広がるfat hen（シロザ、*Chenopodium album*）はヨーロッパでは数千年間消費され、そして現代でもインドなどで野菜として栽培されている。[★4] しかし、この広く使われてきた植物にも（ホウレンソウにも多く含まれている蓚酸による）毒性の警告も多くみられる。また、時には雑草を含めてワイルドフードを消費することをすすめられることがあるが、同時にそこには危険な側面が自ずから内在する。「大気汚染がひどい道路の横からとるな」「その道はよく犬の散歩に使われているからおしっこで汚れているかもしれないね」「毒の雑草が多く生えているところだから、気を付けてよ」と。雑草が料理・薬などに利用される身近なものとして認められるとしても、慎重に扱う必要がある。危険が避けられない雑草と関わるのは難しい道のりでもある。

このように、雑草と関わる汚染は庭の空間にあるきれいに保たれた直線、そして好ましい・好ましくない品種の間の区別、という境界に関係しているだけではない。さらに「親密さの境界」を越境することもある。つまり、「危険」とされた物質、それとも他の危険を拡散する手段として、雑草は清潔に維持されている台所や、最悪な場合は私たちの身体にも忍び込みうるものでもある。まな板の上にパセリでは絶対にないせり科の植物を見た瞬間に感じた焦り（そして、それから一週間そのまな板を使ったときの嫌悪感）は知らない、危険性と密接に結びついている雑草の世界が、少し近づきすぎた感覚であったといえようか。つまり、雑草を身近に扱いながらも、際どいところまでに、私自身の領域に雑草が接近した体験だったのである。

新しい雑草

現在フィールドワークをしている長野県の村ではようやく春をむかえ、気温が暖かくなって、数週間前に撒いた種も発芽して、私自身もわくわくする。慣れ親しんだイギリスの庭と違う環境ではあるが、近くの農協に行ってみると、馴染みの野菜の品種が買えるようである。しかし、新しい土地で畑を耕して、何をどこに植えるかを考えながら土を指の間に流してみると、まったく知らない雑草の世界も現れてくる。脆く白いバインドウィードの根ではなく、更に強硬な根を持つツクシである。数年間利用されていない農地だから、雑草だらけのものであるのは当然だよ、と自分に言いながらも、思わず土をきれいにしたい気分が湧き起こる。育てた植物の間でも、（春の味覚と言われているツクシなどでも？）食卓でも（夢の中でも？）、どこまで近づいてもいいと許してあげるのか。際どい道であるが、もう少し雑草と関わってみたい。

★1—Snir, A. 2015. "The Origin of Cultivation and Proto-Weeds, Long Before Neolithic Farming". *PLoS ONE*, 10(7): https://journals.plos.org/plosone/article?id=10.1371/journal.pone.0131422

★2—https://blogs.scientificamerican.com/anthropology-in-practice/green-thumbery-what-can-the-first-weeds-tell-us/

★3—Tsing, A. (2017). "The buck, the bull, and the dream of the stag: some unexpected weeds of the Anthropocene". *Suomen Antropologi*, 42(1): 3-21.

★4—Savage, G. and Vanhanen, L. (2019). "Oxalate Contents of Raw, Boiled, Wok-Fried and Pesto and Juice Made from Fat Hen (*Chenopodium album*) Leaves". *Foods*, 8(1): https://www.ncbi.nlm.nih.gov/pmc/articles/PMC6352549/

整わない——断捨離とミニマリストとゴミ屋敷

奥田太郎

どうにも本が捨てられない。子どもの頃から買い集めている大量のマンガもそうだが、最も深刻なのは、研究室の本棚に本が収まりきらない状態が続いていることだ。なるべく背表紙が見えるように工夫しながら、できるだけ多くの本が入るように並べてきたが、それもやがて限界を迎え、本棚以外のスペースへと本が積み上がり始める。研究室の床に大量に本を積み上げている同僚も何人かいるが、有限の本棚を前に本を入手し続けると、畢竟《ひっきょう》その境地に至る。もはや収まる本棚がないのは自明であるにもかかわらず、本を手に入れることをやめず、また、すでに本棚に収まっている本たちを捨てる気にもなれないまま、所狭しと本が積み上がっていく。どこかで見たような光景だ……。そうだ、これでは、まるで「ゴミ屋敷」のようではないか。「ゴミ屋敷」と呼びうる光景を思い浮かべてみる。確かに、あの自らの持ち物を御《ぎょ》しきれず、混沌として整わない感じは、とても他人事とは思えない。このままではいけない、何とかしたい、そういう気持ちも湧いてくるとはいえ、やはり本が増えるに任せ、溜め込んでゆく。

そんなとき、脳裏をよぎる、お馴染みのあの言葉……「断捨離」。今こそ、断捨離をすべきときなのではないか。

断捨離とミニマリストの近くて遠い関係

断捨離を標榜した啓発本は数多刊行されているが、書誌データ的に見ても、その元祖は、やましたひでこの著作であろう。やましたは、次のように断捨離を説明している。

> 時間は「今」の連続ですから、その生きた存在のモノは常に更新されていきます。つまり、常に入れ替え＝新陳代謝です。そしてさらに、その片づけ作業を真剣に行っていくと、自然とモノを取り入れるのも吟味するようになります。なぜなら、いかに余計なモノに囲まれて生活しているかがよくわかり、本当に気に入った、必要なモノしか欲しくなくなるからです。これが「断」の状態。断捨離とは、この、「断」と「捨」を行うことで至る、モノの執着から離れ、軽やかで自在な状態（＝離）と定義できます。
>
> （やましたひでこ『新・片づけ術　断捨離』マガジンハウス、二〇〇九年、二一―二二頁）

断捨離が一大ブームを引き起こしたのは、それが単なる整理整頓術の提示ではなく、「軽やかで自在な状態」へと自分自身の生活の心構えを整えるライフスタイルの提示がその中心にあったためだと思われる。極端に言えば、実際に生活空間にあるモノの多寡《たか》が問題なのではなく、断捨離のメンタリティに到達していればよいのである。どれくらいの量のモノに囲まれて暮らすのかは、それぞれで考えてください、という余白の具合が多くの人たちの心をとらえたのであろう。このように、断捨離の要求水準は、捨てられず溜め込んでしまう者にとって必ずしも高くは設定されていないように思える。これなら、私の研究室も無理なく「ゴミ屋敷」化を回避できそうな気分になってくる。

しかし、果たしてそうだろうか。断捨離によって、「余計なモノ」を捨てて「必要なモノしか欲しくなくなる」ことが推奨される以上、本を溜め込むライフスタイルからの脱却が要求されるに違いない。その先には、可能な限り少ないモノだけで生活をする「ミニマリスト」のライフスタイルが待ち構えているのではないのか。

ちなみに、雑誌データベースで軽く探った感触では、言語学のトレンドや美術・デザイン・音楽の表現傾向以外の、他ならぬライフスタイルを意味する「ミニマリスト」という語は、日本では二〇一五年頃から突然使われ始めたようである。断捨離のブームの始点が二〇一〇年前後であることを考えると、両者の重なり合う部分は小さくないだろう。おそらく、ミニマリストは必然的に断捨離を実践しているが、断捨離実践者が必ずしもミニマリストになるわけではない。とはいえ、ミニマリストについて記述されたブログ記事などでは共通して、「不要なモノを手放し、あらゆるモノの整理が進んでいくと、自分の内面に目が向けられる」ようになり、そうなると「自分が本当に求めていること・やりたいことが浮き彫りになっていく」と書かれていて、断捨離との共通性の高さは明らかである。もちろん、本についても、「今使っている本棚に収まる分」を適量と考えるのが、断捨離の秘訣であり、ミニマリストの信条だとあちこちで謳われている。

確かに、整然と背表紙が並ぶすっきりと整った本棚、はみ出して積み上がった本が一冊もない床、という研究室の光景を想像してみると、仄《ほの》かな憧れの気持ちが湧いてこなくもない。しかし他方で、もっさりと本の生い茂った今の研究室が嫌いなわけではない。いやむしろ、愛着すら抱いている。正直に言えば、もっさりとしたまま、永遠に新しい本が補充できれば一番嬉しいのだ。そもそも、現状を「何とかしたい」と思うようになったのは、新しい本が入らないからであって、片付かなくなってきたからではない。研究室がすっきりしなくても、新しい本が入りきってくれればそれでいいのである。実際にはそれが無理だとわかっているにもかかわらず。この点で、私のメンタリティは、ミニマリストよりも「ゴミ屋敷」の住人により近いのかもしれない。

もっさり、すっきり、そして現在主義

こうした私の「もっさり」に対するこだわりの淵源《えんげん》は、断捨離が内包する現在主義への馴染めなさにあるように思う。断捨離の背景にある現在主義について、消費者行動論を専門とする

経済学者の碇朋子は、次のように指摘している。

（…）やました氏のモノの取捨選択に関する意思決定の基準を見るとそこにおいて特徴的なのは、「今の自分にふさわしい」モノだけに絞るという点である。例えば「いつか使うかも」などを言い訳としたり、過去や未来にとらわれることなく、「今の自分に必要か、ふさわしいか、使いたいか」を基準に不要なモノを捨てるべきと説く。（…）ひとたびこうした状態に身をおくようになれば、過去への執着心や未来への漠然とした不安がなくなり、今の自分がとても快適で、自由自在に生きられるという確信に満たされた状態になっていくとする。

（碇朋子「消費者の新たなライフスタイルとしての「断捨離」：「モノ」への依存からの自己の解放・共有・拘束」『明星大学経済学研究紀要』第五一巻第二号、二〇一九年、五六―五七頁）

先に引用したやました自身の言葉と合わせてみれば、断捨離の核心に人生の現在主義が据えられていることがよくわかる。もちろん、現在主義を生きるライフスタイルの効能が多くの人にとって有益なものであることは理解できる。しかし、どうにも本を溜め込む私は、それに馴染めない。新しい本を本棚に迎え入れるのは、何も、今の自分がその本を必要としているからとは限らない。多くの場合、すぐには必要にはならないが、手元に置いておけば、何かのタイミングで「出会う」かもしれない、と思って、あれこれと本を溜め込むのだ。新しい本を選ぶ基準は現在の必要性ではない。したがって、本棚から溢れ出した本たちは、私のなかの、現在の自分の想定を超え広がるところに属している。いつかどこかの時点で手に入れたいと思って入手したり、誰かから贈られたりした本は、現在の私よりも遥かに大きい。それを現在の自分の必要性基準で選り分けることはとてもできない。どうやら、私の「蔵書もっさり」問題は、突然ミニマリストへと転向でもしない限り、断捨離では解決できなさそうだ。

図書館とは異なる秩序で

ここで、もう少し考えてみる。仮に、新しい本をすべて収納できる広大な本棚が研究室にあれば問題は解決するのだろうか。広大な本棚に自由に読める大量の本が整然と並んでいる場とは、要するに、図書館のことである。しかし、私は、自分の研究室を図書館にしたいわけではない。もちろん、職業柄、確認すべき本がすぐに取り出せないことは致命的だったりもするし、そうした状態になることを目指して本を溜め込んでいるわけでもない。そうでありながら、おそらく私は、研究室に現出している、図書館にはない、「もっさり」を明らかに好んでいる。

周知の通り、図書館の本は、図書分類法に基づいてすっきりと整理されており、欲しいときに欲しい本にアクセスできるようになっている。それに対して、自分の研究室の本棚に本を並べるときには、そのような並べ方は採らない。ある部分には買った時期が同じものを、ある部分には自分の研究テーマに関連するものを、ある部分には著者やシリーズ名の同じものを、といった具合に、自分がしっくりくる感覚で、わりと適当に本を並べていく。そして、それが長年蓄積されていく。一見すれば無秩序だが、実はそこには固有の秩序がある。

数年前、キャンパス再編のために研究室の引っ越しをすることになったのだが、せっかくの機会だからと、従前の並びを改め、より正確にジャンル別やテーマ別に並べ替えることにした。ところが、新しい研究室で仕事をし始めると、その新しい並びでは欲しい本を探し当てられないことに気づいた。明示的な手がかりは新しい並びの方が多いはずなのに、この辺りにあると感じた場所に目当ての本が見当たらないのだ。前の研究室の本棚は一五年ほどの蓄積があったこともあり、現在の私には明示的にアクセスできない記憶が、私と本棚の並びの合わさったところに根付いていたのだろう。私が本を探すとき、意識にははっきりとのぼらない、そうした記憶を使って、それに基づいて検索をしていた、ということかもしれない。この検索を支える秩序は、理知的に形成されたものではなく、偶然そこで生じたものである。その秩序の形は、私の研究室にしか存在しない。比喩的に言えば、そこに固有の知的生態系が生まれているのだろう。この知的生態系は、背表紙が見えなくなり、本棚からはみ出して床に溢れ出してもなお、存続している。おそらくはこれが、私が愛着をもっている「もっさり」の正体なのだ。

時間の断捨離、整わない記憶

こうして考えてくると、本の断捨離は、時間の断捨離だとも考えられる。本を断捨離するということは、現在の自分の頭の中に保持できる分量の記憶と来歴だけを手元に置く、ということである。それは、本棚を整えるだけでなく、記憶を整えることでもある。確かに、整った記憶は、余計な時間を浪費することのない生活を可能にする。そしてそれは、ミニマリストであるために求められる条件だと言えよう。そうしたすっきりとした生き方も、確かに魅力的だ。そういう生き方をしている人の部屋に入ると、やはり仄かな憧れを感じてしまう。しかし、自分の研究室に戻り、いつまでも整わない本棚とそこから溢れた本たちを眺めると、その整わなさに何とも言えない愛着を感じるのだ。そして、そこにある整わない記憶、自分で意識的にアクセスできない豊かな記憶の広がりの気配を感じるとき、このままでいいという気にもなる。他の人の部屋にそうした状態を見出したときにも、何か貴重なものを目撃したような、得した気分になる。

とは言いながら、有限の空間に無限に本が収納できるわけではない。この現実を前に、どこかの時点で本の取捨選択を行う他はないだろう。そして、取捨選択を行った時点で、そこで蓄積されてきた記憶の幾らかは失われることになる。とはいえ、それと同時に、そこから新たな記憶が蓄積され始める。こうして行きつ戻りつしながら、いつまでも整わない「もっさり」とした本棚とともに日々を過ごす生き方を、私は選ぶともなく大事にしている。

身体の境界を超えるロマンティックな瞬間

現代美術家・高田冬彦へのインタビュー

高田冬彦さんの名を最初にどういうきっかけで知ったのかは、忘れてしまった。何かのおりに作品につながるリンクをたまたま踏んだのだと思うが、映像のインパクトにそれまでの記憶が飛んでいる。最初に見たのは《Dream Catcher》（二〇一九）。塔の上の部屋のラプンツェルが、いつか王子さまが来てくれるという思いがつのってクルクル回るダンスが止められなくなり、その長い長い髪の毛で周辺の町を破壊してしまうという作品である（ようにわたしには見えた）。次に見たのは《新しい性器のためのエクササイズ》（二〇一八）だったろうか。薄暗がりのなかでまばゆく漏れ出る光を脚の間に閉じ込めておこうとふんばる人、一枚のパンツに我先にと足を入れようと格闘する二人の人間。そして、足をほしがる人魚が陽の光を夢見ながら己の身体を切り裂いていく《Cambrian

Explosion》（二〇一六）など……。不思議な世界観にひきこまれ、次々と作品を見たくなってしまう。

高田冬彦さんは、一九八七年広島県生まれの映像作家／現代美術家で、現在は千葉で活動する。おとぎ話や神話、ナルシシズムや性的身体をテーマとする短編映像作品が制作の中心だ。作品の多くに自身が中心的な役柄で登場する。自宅兼アトリエの空間内で準備し、制作し、撮影した映像を多く使用してもいる。手作りの小道具や衣装で形作られるその映像世界は、体温と湿度をもつ人間の生身の存在感があふれている。近年の個展としては、二〇二一年のWAITINGROOM（東京）での「LOVE PHANTOM 2」、および二〇一九年の森美術館（東京）での「MAMスクリーン011：高田冬彦」などがある。二〇二二年にはシドニーの“Storymakers in Contemporary Japanese Art”展に参加したほか、ロンドンの Fringe! Queer Film & Arts Fest にて作品が上映されるなど、国外でも注目されている。

高田さんの作品にしばしば見られる、身体のままならなさや、秘めておきたいがこぼれ出てしまうもの、雑然とした生活感ある空間へのこだわりなどは、本書の関心と共鳴する。作品制作の具体的な過程やその背景を本人にぜひうかがってみたいと考え、二〇二二年一二月、千葉のアトリエにてインタビューを行った。

（聞き手：酒井朋子）

作品のアイデアはどのように浮かび、発展していくのか

酒井（以下S）　最初に《Cambrian Explosion》についてですが、あれはいろんな解釈ができて、でも解説したら終わりになってしまう。あやうさも持った作品だと思うんです。体が変わることへの欲望と恐怖を扱っていて、体を切り裂いていくときに血が噴き出る生なましさが迫ってくる。人魚だからできている描き方なのかなと。これに関して『Tokyo Art Beat』のインタビュー*で、元々怖い生き物だった人魚を、アンデルセンとかディズニーがきれいで素敵な恋愛物語にして、それをもう一回自分が怪物に戻すんだみたいなことをおっしゃってましたよね。

高田（以下T）　そうですね。足を二股に切り裂くことで、美しい人魚のイメージをもう一度グロテスクな怪物に戻すんです。

S この作品はどのように思いついたのですか？

T どうだったかな。とにかく「人魚姫」の作品は以前からずっと作りたいって思っていたんですよ。他にも「眠れる森の美女」とか、「オズの魔法使い」とか、目をつけている御伽話は常に頭の中にあるんです。

S じゃあ、そういうモチーフやお話の類型みたいなものがいくつかあって、たまたまフィットするアイデアを思いついたときに形になるっていう？

T そうですね。たとえば人魚作品について話すと、お話への関心とは別に、血が爆発的に吹き出すスプラッターのような画面を作りたいという欲が以前からあったのです。ある種の絵画的な欲望。それが、あるとき頭の中でヒレを切る人魚姫のイメージと組み合わさった。これは作品になるぞ、と。こういう風に、頭の中で、いくつかバラバラに作りたいものが存在していて、それが何かの拍子にカチャっと結びつく、という感じです。

図1 《Cambrian Explosion》。高田本人の演じる人魚姫が、ディズニー映画『リトル・マーメイド』の楽曲を歌いながら、自らのヒレを2つに切り裂く様子を捉えた、ミュージック・ビデオ風の映像作品

*——https://www.tokyoartbeat.com/articles/-/fuyuhiko_takata_interview

映像に登場するモノや道具が作られていく過程は？

S　《Cambrian Explosion》の人魚の下半身は何でできているんですか？

T　これはウレタンのスポンジで作ってます。その上に鱗みたいなのを貼っていきます。鱗はライオンボードといって、コスプレイヤーが甲冑とかを作るとき使う素材です。

S　この人魚の下半身は、一回切っちゃったらもうダメなわけですよね。

T　いや大丈夫です。マジックテープで張り合わせる仕組みになってるんです。便利でしょう。その頃のアイデアノートがあります。ご覧になりますか。

S　おもしろいですね！　この下半身を動かすために試行錯誤しているんでしょうか。

T　そうです。ヒレ部分の内部に赤いビーズが詰めてあって、ナイフで切ると出てくるようになってるんです。

S　なるほど、えぐってビーズを入れるんだ。この、手作りでモノと付き合っていく感じは面白いですね。モノってそれぞれ特性を持っているわけですよね。こういう形に加工できる・できないという特性でもあるし、映したときにどういう見栄えがしてどういう効果があるかとい

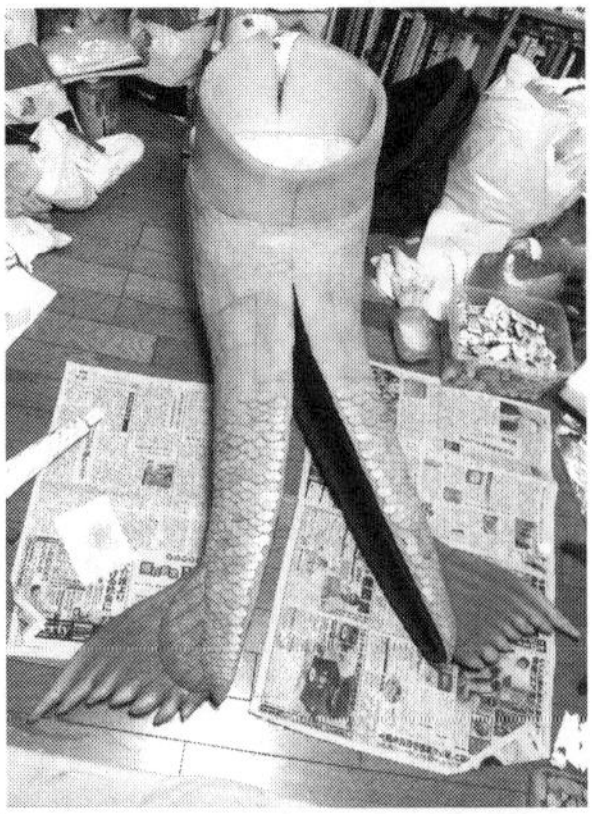

図2　《Cambrian Explosion》の人魚の下半身、制作途中

う特性でもある。

T その通りです。たとえばこの作品で特に工夫したのは、切り開いた後のヒレのフォームが、きれいにV字型になることです。自動的に反り返ってくれるよう工夫して作りましたね。

S 切れ目の深さや幅も試作品を何度か作って確かめていくんですね。V字に開いている必要があるのは、それが人魚姫のある種の解放だからなんでしょうか。

T はい。かたく閉じられていたものが開かれる、というモチーフに惹かれるんです。同時に、こういう二股で分かれてる人魚っているじゃないですか。

S スターバックスとかの。

T ああいう中世の怪物みたいなイメージを喚起させたかったんです。

S あ、ここに裏設定みたいなのが書いてありますね。お父さんは人間で、お母さんは魚。

T ほんとだ。全然書いた覚えがないです（笑）。

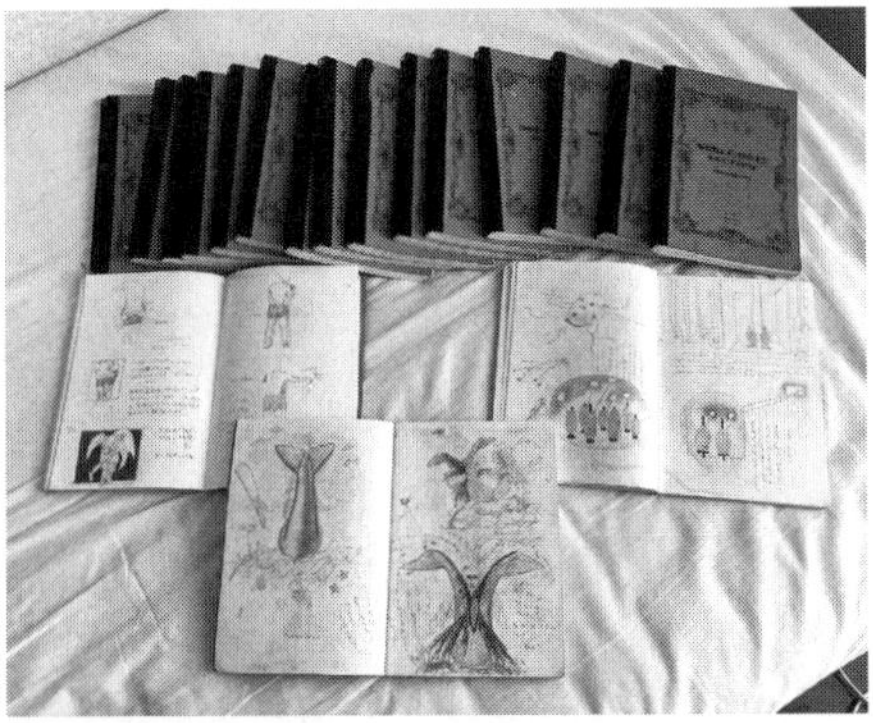

図3 高田さんのアイデアノート。だいたい8ヶ月ほどで1冊が終わるという。2022年12月時点では45冊目になっていた

偽物っぽさの重要性

S （ページを指差しつつ）ここに赤いビーズって書いてますけれど、血を液体ではなくビーズで表現した理由は？

T 血液をあえてチープなビーズで表現するのがいいと思ったんです。手芸屋に置いてあるような、安っぽい装飾品が好きなんですよね。ビーズとかスパンコールとか。液状のものをあんまり出したくないってのがあって。

S 液状だと生なましすぎる？

T そうですね。こういう作品を作っておいてなんですが、あまり「グロい」表現は好きではないんですよね。

S 実は作品に液体がよく使われている印象があって、当初「高田さんにとって液体はどういう位置づけか」という質問を用意したんです。ところが改めて見てみたら、実際に使っているものがない。

T 生なましい印象を与えつつ、同時にそれはあくまで安っぽいフェイクでしかないんですよということも伝える、その辺のバランスにはこだわりがあるようです。いわゆる「キャンプ*」と呼ばれる感覚にも通ずるかもしれませんが。

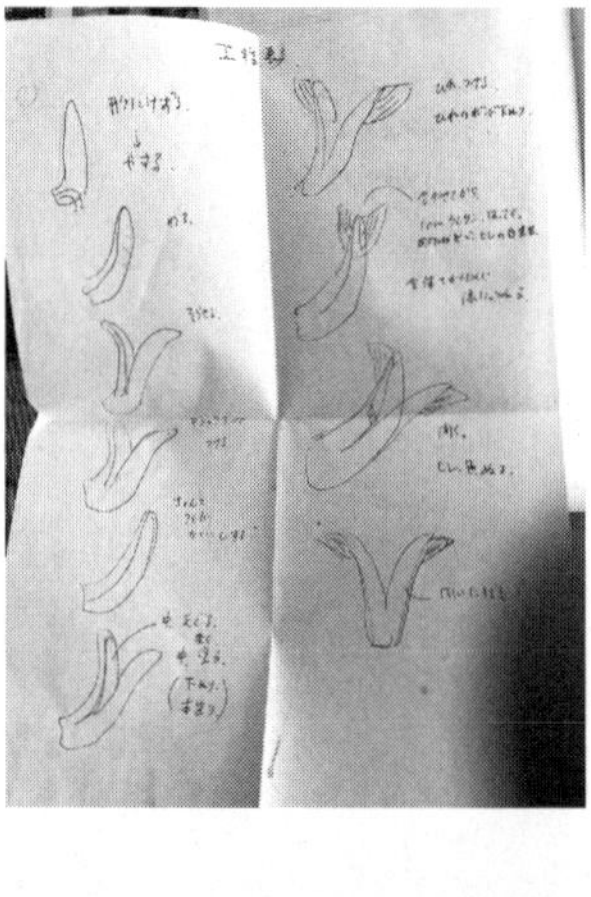

図4 《Cambrian Explosion》の人魚の下半身を作る工程表メモ

S こちらが《The Butterfly Dream》（二〇二二）に出てくるハサミの蝶々ですね。これは本物の蝶を使っているんですね。

T はい。でも最初は偽物の蝶の羽も試したんですよ。画用紙に水彩絵具や色鉛筆で描いて作った、偽物の羽を使ってみました。それはそれで捨てがたいアイデアではあったのですが、結局クローズアップにしたときに本物がいちばんきれいだなと思いました。鱗粉の細かい粉まで映りますからね。蝶の羽って本物だけど既に偽物っぽいんですね。孔雀の羽とかもそうですけど。よくあんなバカバカしいものが生えてくるなと思いますよね。

S バカバカしい（笑）。この鳥、可愛いな。可愛いのにあんなどぎついこと言って憎たらしいですね**。

＊——キャンプとは、特に同性愛者のコミュニティと深く関係する、わざとらしさや人工性を愛する感性のこと。芝居がかった仕草や過度な装飾を好み（典型例はドラァグ・クイーンの衣装である）、その俗悪さの中に皮肉な視点を浮かび上がらせる。批評家スーザン・ソンタグが一九六四年のエッセイで定義した（喜志哲雄訳「《キャンプ》についてのノート」『反解釈』竹内書店、一九六九年、五一–六九頁）。

＊＊——《The Princess and the Magic Birds》（二〇二一）ではこの小鳥が、猥褻できわどいセリフに満ちた御伽噺を寝ている少年の耳に注ぎ込む

図5 《The Butterfly Dream》に登場する蝶々。ハサミを動かすと蝶が羽ばたく仕掛けになっている

図6 《The Princess and the Magic Birds》に登場する小鳥。上部のハンドルに指を入れ、くちばしを開閉させる

身体のリズムと、スムーズにいかない人間らしさ

S 制作の途中での感覚や五感の大事さってありますか。たとえば布を切るときは独特の音と触感がありますが。

T 音はすごく気にしてると思います。僕はアレルギー性鼻炎で鼻息がうるさいんですけど、《The Butterfly Dream》の中にはそれもしっかり入っています。この作品に僕は直接は出てこないわけですが、呼吸のタイミングとか、カメラやハサミの動かし方の癖とか、モデルさんの身体に反応するタイミングとか、僕の持っている身体のリズムのようなものが細かく滲み出ている。だからこれもある種の自画像だと思っているわけです。人間がやってることって、スムーズには行かないところがありますよね。それぞれの身体のクセのようなものがどうしても微妙に出るわけです。そこに注目していると思う。

S とても面白いです。雑音や生なましさとしてカットされてしまいそうなものが、高田さんの作品では重要なんだなと。実は日常生活の中で汚穢が持っているリズムについて考えてみたいと思っているんです。たとえば自分の身体や生活にあるグチャッとしていて目をそむけたい、耳を閉ざしたい、秘めておきたいものが、ときに与えた場所や区画か

図7 《The Butterfly Dream》。蝶の羽を取り付けたハサミを使って、高田が青年の衣服を切り裂いていく映像作品

らはみ出して管理不能になったり、かと思えばすっと静かになったりする、ということなのですが。ひるがえって、そのアップ&ダウンがそれぞれの生活の基調音になっていくこともあるんじゃないかと。先ほど話していらした鼻息などの身体の特徴やクセもそうですね。余剰なものかもしれませんが、それを前提に行動や人との距離を調整するようになる。「ある種の自画像」とおっしゃっていたことと重なるのかもしれないと感じました。もちろん、息や身体の動かし方のクセはそれ自体魅力的というか、おもしろいものでありうるので、汚穢と単純にはつながらないですが。

先ほど言われていた息というのは、動画の中に撮れてしまったものをあえて出すんでしょうか。いや、撮れてしまったものとあえてやっているものは境目がないのかもしれないですが。

T 難しいんですよね。あえてやりすぎるとわざとらしくなるんですが、あまりに偶然に頼るとコントロールできなくなるので、ギリギリのラインでやります。「あえて」性を自分で忘れつつやるみたいな。

S できる限りいつも通り。

T そうです。本当は何度も練習して、細かいコツを習得していくわけです。五〇着ぐらいは切りました。

S 本当に⁉　すごいですね。

T この作品、最初は一〇秒くらいの短いシーンをいくつも別撮りして、それをつなげようと思っていたんです。でも、なにか面白くなかった。最終的には、ワンテイクの一発撮りにアイデアを変えたんですね。一筆書きのドローイングみたいなイメージです。その方が身体の重みとか、姿勢とか、二つの体が関係している生なましさのようなものが出るんですよね。編集しすぎるとスムーズになりすぎてそうした身体のままならなさは消えてしまう。

ピュアに映すことの恥ずかしさ

S スムーズにいかない人間らしさは、恥ずかしいという感情ともつながるかと思います。恥ずかしさって、いろんな角度で語れるかと思うんですけど、どうですか。

T なかなか答えづらい質問です。恥もへったくれもなく、エキセントリックな作品を作っているように思われるかもしれませんが、むしろ恥の感覚が強い人の方がそうした作品を作る傾向があるでしょうし。

図8　アイデアノートに書かれた《The Butterfly Dream》のストーリーボード

ある種の武装といいますか。

S うーん、なるほど。過剰に出すことでの武装っていうか。

T はい。僕は、自分が素顔のまま出演するようなパフォーマンスは作れないと思います。素のままの自分を人に晒して、その「素のまま」さにこそ価値を見出すようなストレートな表現は恥ずかしくてできない。

S 私小説的というか、自分自身を撮ってらっしゃるところがあるのかなと思っているんですが、出しにくい恥ずかしさもやはりあるでしょうか。

T そうですね。たとえば、電車に乗った男子高校生を撮った《Love Phantom》（二〇一七）という作品があるんですけど。

S はい、あの、つるんとした感じの男の子が出てる。

T そうです、つるんとした（笑）。この作品は僕の中では珍しいタイプの作品かもしれない。武装を解いて自分の心の中のピュアな部分から素直に作った作品ですから。だからこれを発表するときはとても恥ずかしかったですね。

S あの作品、わたし大好きなんですが、なぜなのかちょっと説明が難しいです。体の境界から何かが出入りしようとしているところかな。それがピュアに完成された形になっているところ？　どことなく滑稽さもある。光の感じとかも好きですね。

T 身体の境界を超えるロマンティックな瞬間に興味があるんだと思います。そういう意味では人魚の作品も一緒かもしれないです。

S そうなんですね。なにかが身体を出たり入ったりするとか、身体がダイナミックに生なましく変形する、というのは実は汚穢にかかわる重要なモチーフで……。ミハイル・バフチンという批評家がヨーロッパ中近世の祝祭文化や笑いの美学に関してそれを熱く論じているんですが、そこではグロテスクさが前面に出ているんです。どぎつくて、粘りと重みのある感じというか。一方で高田さんはロマンチックにとらえていますね。リリカルな方向性もありだなと感じさせられる。この作品にはどぎつさがないですよね。

T なるほど。この作品で男の子の服をピンク色にしたのは、舌のイメージなんですね。キスするときみたいに優しく動かしてほしい、って頼みました。キスという行為も、考えようによってはグロテスクとロマンチックの狭間にあるかもしれないですよね。

ところで、さきほど話題になった「恥ずかしさ」というテーマに戻ると、僕は自分の作品を見ているお客さんを見るのが好きですね。時々、映像を投影しているスクリーンの裏からお客さんをこっそり見ています。

T （笑）どうですか、みんな、恥ずかしそうな顔をして見ていますか。

S うーん、一人で見てくれてる方と、友達と一緒に見に来てくれてる方では反応が違うと思いますね。一人だと、恥ずかしさや居心地の悪さに向き合ってくれてるんじゃないかな。逆に、大勢で来られるお客さんは「めっちゃ受けるー」みたいな感じで、普通にワイワイ盛り上がる人もいるじゃないですか。ちょっとそれは僕の作りたい状況とは違う。僕は、そういうお笑い的な空気に対抗するためにアートをやっているので。

T さっきの武装の話とも関わりますが、他の人に見せられない部分があるっていうのは、人間にとって大事なことじゃないかとわたしは思うんですね。恥ずかしいなんて思わなくていい、なんでもオープンに話せるようにしましょうっていう風潮もありだとは思うんですけど。でも、隠したいものに支えられてるのかなって思うところもあります。

S 「隠したいものに支えられてる」ってすごくいい言葉ですね。人に言えないような劣等感とかネガティブな面が、他と取り替えのきかない自分自身というものを作ってくれていると思うわけです。僕は劣等感の塊のような人間ですから、すごく卑屈な面があるんですが、でも卑屈を重ねることでやっと自分を肯定するような面もある。

S たくさんねじれてる。

T そうですね。ただ、今の世の中は、ちょっと卑屈な冗談を言ったりするのもあまり歓迎されないようですね。個人的には、オープンに、ありのままの自分を肯定し続けなくてはならない世の中も、なかなか息苦しいと思っているのですが。人に言えない秘密があると、その話題を巧妙に避けながら喋るようになるし、人間関係を作るときに全部に細かくフィクションの層が入ると思うんです。それはもちろん楽しい経験とは言えないでしょう。ただ、少なくとも自分にとっては、そういう風に育ったからこそ、フィクションと本音がごちゃ混ぜになったような自分の作風ができあがったように思うんです。それは僕にとって切実なものだし、ある種の人はそのひねくれた部分に共感してくれるんじゃないかな。

隠しきれずにまたたく光のダンス

S わたしは《新しい性器のためのエクササイズ》というシリーズも面白かったんです。三つのパフォーマンス全部よかったですね。でも、あれって何がどう性器なのか割とハテナですよね。性器って通常は隠してるもので、あの作品も全部、隠したいところで起きている重要な変化だったような気もします。

T あの中にお尻がピカピカ光っている「ホタル」と題した映像がありますが、あれはお尻の周りで何か異常事態が起こっていて、「新しい性器」感はあるかもしれませんね。

S 切羽詰まっているのに、起こっている事柄は、決してトイレに行きたいとかではなく、暗闇の中のきれいな光、というのがいいですね。あの子にとってはあの光が、トイレに行きたいこと、隠したいことなのかもしれませんが。

T 何かとんでもないことを隠そうとする身体と、隠しきれずに暴発してしまう身体の、せめぎ合いというか、そのせめぎ合う快楽みたいなものを見せたかったんだと思います。肛門の括約筋の動きをそのままある種のダンスとして振り付けたようなものです。そしてそれはきれい

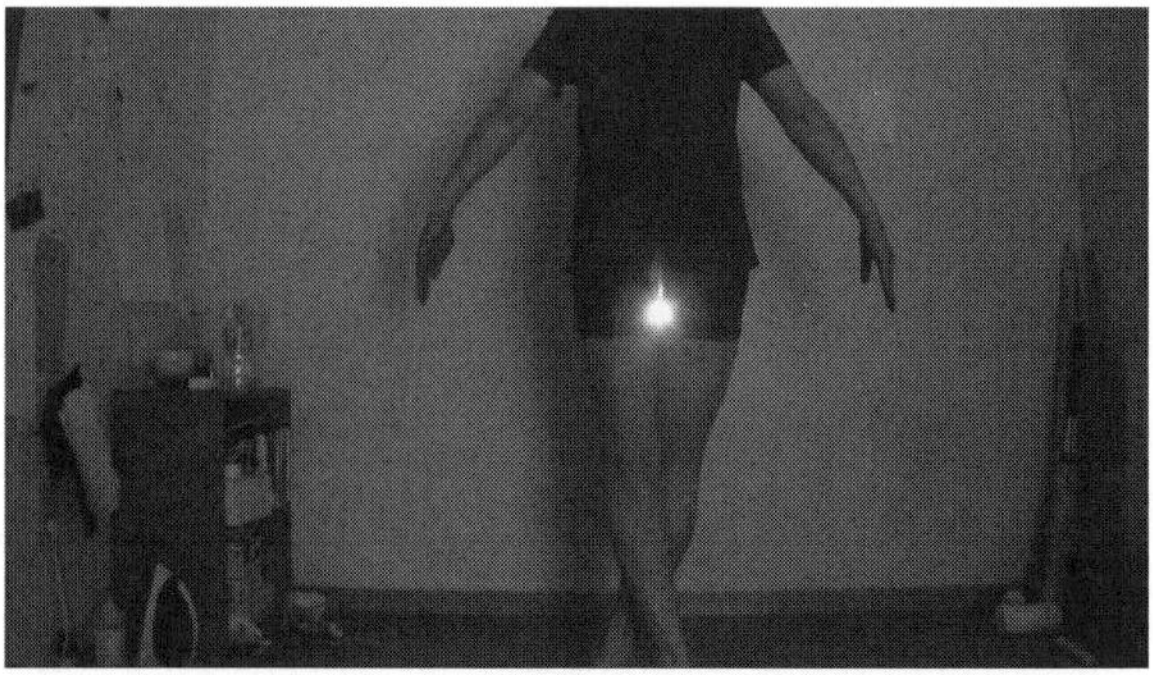

図9 《新しい性器のためのエクササイズ #1ホタル》。高田の自室で作られたシンプルなパフォーマンスの連作。ダンサーの藤田一樹がコラボレーターとして参加した

な求愛のダンスでもある、という。

S そうか、あれは求愛でもあるのか。言われてみればホタルの光ですものね。すごい、今ちょっとわたしは感動しました。身体の境界を出入りするものを、どぎつさではないところからとらえるという《Love Phantom》ともつながっているように感じます。体の外にほとばしり出ようとするものの強烈な感覚があって、抑えなければならないのだけど、でも出てしまう……、そのぎりぎりの緊張から漏れるものが、きらっ、きらっとまたたく光だというのは印象的です。それはホタルが光らせている、「いるよ」「ここにいるよ」という明滅で、そこに生まれる呼応があり、かけあいがある。汚穢をめぐる問いの、一歩先にある情景を見せていただいた気がします。

Ⅱ きちりぴかり

清められ離される

浄化する——ライプニッツのドイツ語改良論

古田徹也

外来語の流入と「汚染」、そして国語浄化運動

絶えず変容を続ける自然言語は、よく生き物に喩えられる。その変容の内実としては、個々の言葉の意味変化や、文法の変化、新語の生成と消滅など、多様な側面を挙げることができるが、外国語の言葉の流入による語彙項目の変化や、それによる言葉同士の関係の変化といったものも、重要な要素に数え入れられることは確かだ。

人々の生活は言語とともにある。そして、人々は生活するうえで、自分たちの共同体の外側の人々と接触し、交流し、彼らの言語に触れるなかで、しばしばその言葉を取り入れる（あるいは、その言葉が感染する）。外国語は外来語として次第に自分たちの生活のなかに浸透し、やがては「国語化」するものも出てくる。このことは当然、どの自然言語に関しても見られる現象だが、言語の汚染——あるいは、乱れ、劣化、等々——として、この現象が批判的に捉えられるケースも多い。そしてこの点にも、現実の生き物をめぐる問題との類似性がうかがえる。つまり、

外来種の流入と、それによる生態系の汚染、純粋な在来種の減少ないし絶滅といった事柄だ。

国語を純化ないし浄化しようとする運動は、古今東西、さまざまな言語をめぐって展開されてきた。フランス語、ドイツ語、トルコ語、ギリシア語、韓国語、等々。そして、この種の運動は多くの場合、ナショナリズムの興隆や、戦時の対外的な緊張などと結びついている。

たとえば、第二次世界大戦中のこの国においても、英語由来の外来語を「敵性語」ないし「敵国語」として排斥し、日本語を純化（浄化）しようとする運動が盛り上がった。当時、NHKは「アナウンサー」という言葉を廃止し、代わりに「放送員」という単語を用いるようになった。鉄道省は駅構内の英語表示を禁止し、「プラットホーム」の代わりに「乗車廊」、「ロータリー」の代わりに「円交路」と表示するようになった。日本野球連盟は、「ストライク」を「よし」や「正球」に、「アウト」を「ひけ」や「無為」に、「グローブ」や「ミット」を「手袋」に代えるなどの指導を行った。[★1]

しかし、すでに国語のなかに浸透し、その国の人々の生活に深く根を下ろしている外来語を、強引な仕方で引っこ抜いて、いわば「固有語」（あるいは、「在来語」、「従来語」、「旧来語」等々）に置き換えようとしても、人々はその単語をぎこちないかたちでしか使うことができない。また、そこでは、廃止された外来語が備えていた意味の奥行きや多面性、他の言葉との連関などが失われ、その分だけ国語の表現力が低下してしまうことにもなる。とはいえ、たとえば日本語に関して、いま現在のカタカナ語の氾濫とも言える状況を「日本語の表現力が向上している」とか

「日本語がより豊かになっている」という風に評価してよいかどうかについては、意見が大いに分かれるところだろう。

ドイツ語の改革運動における外来語の扱いの揺れ――ライプニッツの場合

西洋近代を代表する哲学者のひとりライプニッツ（一六四六―一七一六）は、「ドイツ語の鍛錬と改良に関する私見」をはじめとするいくつかの著作において、ドイツ語を称揚しつつ、同時にその改革を訴えている。その主な背景には、いわゆる「三十年戦争」などによってもたらされた混乱と荒廃のなかで、母国と母語に対する矜持を回復したいという強い思いがあったと言える。実際、ライプニッツは次のように述べている。

（…）三十年戦争が勃発して拡大するのにともない、国内外の軍隊がドイツで洪水のようにあふれかえり、われわれの財産だけでなく、われわれの言語も略奪された。この時代の帝国公文書は、われわれの祖先が恥ずかしく思うような単語で満たされているのがわかる。

その時までは、ドイツは皇帝側のイタリアとスウェーデン側のフランスとの間でいわば均衡を保っていた。しかしミュンスターの講和とピレネーの講和以降、ドイツは支配力の面でも言語の面でもフランスに左右されることになった。

（「ドイツ語の鍛錬と改良に関する私見」『ライプニッツの国語論――ドイツ語改良への提言』）

高田博行・渡辺学編訳、法政大学出版局、二〇〇六年、五三頁）

ただ、ライプニッツ自身のなかにも、外来語をどう受け入れるべきか（あるいは、どう排除すべきか）という点に関して、議論に揺れ動きが見られる。たとえば彼は、Philosoph（哲学者）やMathematiker（数学者）といった古代ギリシア語由来の単語に代えて、Liebhaber der Weißheit（英知を愛する者）や Wiß-Künstler（英知学者）という単語を自身で用いたり、あるいは、そうした置き換えを提案したりしている（同四三—四四頁）。また、とりわけ道徳、感情の動き、日々の生活、行政、国家業務にかかわる単語については、外来語をドイツ語で置き換えることを考えるべきだと主張し（同四七頁）、次のようにも述べている。

今や、ドイツにおいては災いがさらにひどくなり、〔ドイツ語と外国語の〕ごたまぜが恐ろしいほど蔓延したと思われる。例えば説教壇上の司祭、官庁の役人そして市民たちが、書くときも語るときも、自分たちのドイツ語を情けないフランス語で台なしにしている。したがって、もしこの状態が続き、これに対して何ら対抗策をとらないならば、（…）ドイツ語がドイツで失われてしまうことにほとんどなろうとしている。

われわれの由緒ある主幹言語かつ英雄言語であるドイツ語が、われわれの不注意から没落するようなことになれば、それは永遠の後悔と恥辱となろう。異国の言語を受容すると、概して自由が失われ異国による拘束を受けることになるのであるから、そのような事態になればほとんど何も良いことが期待できないであろう。（同五〇—五一頁）

（…）これらの言語〔ラテン語、フランス語、イタリア語、スペイン語など〕からの受容が、言語の純粋さという点からして得策で賢明なのかどうか、またどの程度そうなのか、ということが問われねばならない。というのも、余計な外来語のごたまぜからドイツ語を浄化することが、ドイツ語の純粋さを追求する際に重要となる事柄のひとつであるから。（同八四頁）

しかし、同時に彼は、「どうしてもドイツ語で適切な単語と表現が見いだせないときには、適切な単語と表現であれば外国語であっても市民権を認めるべきである」（同四八頁）と述べ、「言語についてピューリタンになるべきであるとか、使い勝手のよい単語を迷信的な恐怖心から外国語由来という理由で死刑に値するものかのように避けるべきであるという考え方を、私はもってはいない」（同）と続けている。そして、「そのような考え方を採るならば、結局われわれは衰え弱り、われわれの表現の仕方から力が奪い去られる」（同）というのである。外来語に対するライプニッツのある種寛容な側面は、以下の一節によくあらわれていると言えるだろう。

（…）［外来語の受け入れ］は節度をもって行われるのであるならば、変更するべきでもまたあまり批判しすぎるべきでもない。それどころか、優れた事物がその名称とともに新しく異国から入ってくるような場合にはとくに、賞賛するべきことですらある。（同五三頁）

このようにライプニッツは、基本的には「余計な外来語のごたまぜからドイツ語を浄化すること」を目指し、「外来の単語は多すぎるよりは少なすぎるほうが良い」（同九〇頁）と主張しつつも、同時に、「〔外来語の氾濫という〕この災いが広がるのを一度にせき止めようとして、すでに市民権を得ている単語を含めすべての外来の単語が締め出そうとされた」（同五二頁）、急進的な改革の方向性を批判してもいる。この点に関連して彼は、モンテーニュの養女であったドゥ・グルネ（一五六五―一六四五）が、当時のフランスの言語純化主義運動――それもやはり、凄惨かつ長期的な戦争と外国からの干渉を背景に生まれたものだ――を批判して記した以下の文章を引用している。

この人たち〔＝言語純化主義者〕が書いたものは真水のスープのようなもので、不純物もなければ力もない。（同四八頁）

清浄と汚濁のはざまをめぐって思考すること、それ自体の難しさ

外来語に対してライプニッツが向ける、こうした煮え切らないようにも映る態度は、純粋と不純、清浄と汚濁という対比一般が孕《はら》む問題をよく反映していると言えるだろう。生き物の「在来種（さらには、固有種）」および「外来種」というものについて、実際には明確な定義がないのと同様、固有語（在来語）と外来語の境界自体、必ずしも明確なものではないし、それは、「国語」と「外国語」の境界などに関しても同様に当てはまる。

たとえば、ライプニッツより後の時代の言語学者に、ヤーコプ・グリム（一七八五―一八六三）とヴィルヘルム・グリム（一七八六―一八五九）の兄弟がいる。彼らは一般的には童話や伝承の収集者として知られている一方で、言語学にも数々の重要な足跡を残しているが、彼らがDeutsch（ドイツ語）と言うときには、広くゲルマン諸語全体を指している場合が多い。これはライプニッツに関しても同様であり、彼にとって「英語、デンマーク語、スウェーデン語は故郷から押し流されたドイツ語の一部分」（同五九頁 訳註四七）として捉えられるものであった。また彼は、スウェーデン人、ノルウェー人、アイスランド人について、「まさに北ドイツ人とみなすことができる」（同六六頁）と述べているほか、イギリス人について、「半分ドイツ人である」（同六四頁）とも主張しているのである。

こうしたライプニッツの認識が法外なものだとして、では、「ドイツ語」とは果たしてどのように捉えるのが適当なのだろうか。「ドイツ人」についてはどうだろうか。そして、「日本

語」とは？「日本人」とは？

一般に、何かを純化しよう、浄化しようという運動は、その「純粋なもの」とは何か、浄化されて残るものとはいったい何なのか、という問題をその背後で惹起《じゃっき》し、ときに先鋭化させるものとなる。言語純化（浄化）運動は、この問題の恰好のサンプルだと言えるし、また、純化（浄化）の貫徹を目指すことがしばしば、その対象自体を痩せ衰えさせ、窒息させてしまいかねないということを示す、代表的な実例だとも言えるだろう。

ある程度の汚濁、ごった煮の猥雑さ、雑種性といったものは、それぞれの自然言語の生き生きとした豊かさや創造性といったものに欠かせない源泉である一方で、完全に交ざり合うならば、それぞれの言語の固有性や多様性も、その包摂といったものも、実質を失うことになる。ここでは、「言語の純化（浄化）」という観念を瞥見《べっけん》しつつ、清浄と汚濁のはざまについて考えること、はざまに自分の身を置くこと、その難しさを確認するに留めておきたい。

★1―大石五雄『英語を禁止せよ――知られざる戦時下の日本とアメリカ』、ごま書房、二〇〇七年、三四―五六頁

嗅ぎわける——嗅覚の地理

原口　剛

横浜・寿町にて

もう二〇年ほど前のことだろうか。はじめて横浜のドヤ街・寿町をおとずれたときの経験を思い出す。関内駅に着いたころには、とっくに日は暮れていた。なじみだった大阪の釜ヶ崎が新今宮駅の目の前に広がるのとはちがって、寿町は関内駅からやや離れた場所にある。頭に入れておいた地図をたよりに歩き出したものの、ドヤ街にたどり着けそうな気配がない。さすがに不安になりはじめ、地図を広げて確かめようかと思い始めたとき、なじみのにおいがうっすら漂っているのを感じ取った。釜ヶ崎や山谷の街に共通する、労働者の街ならではの、表現しがたいあの「におい」だ。導かれるままに歩みを進めるうちに、だんだんとにおいは強くなっていく。ほどなくしてドヤ街の景観が目に入り、ぶじに寿町にたどり着くことができた。

この日の経験に、当時の私はちょっとした感激をおぼえたし、いま考えてもなにか深いものがあるように思う。現実の地理は、目に見えるものだけで構成されているのではない。そこにはたしかに、地図化しえない「感覚の地理」というべきものがある。地理学の学史を振り返れば、かつてイーフー・トゥアンやエドワード・レルフら人文主義地理学者は、「場所」という概念を提起することで、地理学に身体や感覚や感情を取り戻そうとした。だが、そんなかれらの議論にあってさえ、嗅覚にはたいした役割が与えられなかった。ドヤ街という場所にとって、街に漂うにおいがその場所のなんたるかを伝える要素だとすれば、「身体を取り戻す」と謳いながら嗅覚には冷淡だったレルフらの議論は、どうしようもなくエリート主義的であるようにすら思える。

松原岩五郎『最暗黒の東京』

これとは対照的に、下層労働者の世界へと接近しようとした文学者や記録者には、「におい」の表現への尋常ならざるこだわりがあるように思う。「嗅覚の地理」を鋭敏に捉えた書き手は誰かときかれるならば、私が真っ先に挙げたいのは、松原岩五郎の『最暗黒の東京』である。明治初期の東京に広がっていた「貧民窟」を探索する松原は、当時の木賃宿（ドヤ）の内側の世界を、たとえば次のように描き出す。

嗚呼《ああ》木賃なる哉、木賃なる哉、木賃は実に彼等、日雇頭、土方、立坊的《たちんぼてき》労働者を始めとして貧窟の各独身者輩が三日の西行、三夜の芭蕉を経験して而してのち慕い来る最後の安眠所にして蚤、シラミもとより厭うところにあらず、苦熱悪臭また以て意となすに足らず、彼の一畳一人の諸込《もろごみ》部屋も五六の破れ蚊帳に十人逐込《おいこみ》の動物的待遇も彼等のためには実に貴重なる瑤《たま》の台《うてな》にして、ここに体を伸べ、ここに身をひろくして身体の疲労を快復しもって明日の健康を養い、もって百年の寿命を量るにあれば、破れ布団も錦纏《にしき》の衾《しとね》にして、截《き》り落しの枕もこれ、邯鄲の制作なりと知るべし。

（松原岩五郎『最暗黒の東京』現代思潮社、一九八一年、二二―二三頁）

一八九三年に刊行された『最暗黒の東京』は、のちに横山源之助が著した『日本の下層社会』（岩波書店、一九八五［一八九九］年）や農商務省商工局編『職工事情』（岩波書店、一九九八［一九〇三］年）の先駆として知られる。「先駆」といえば聞こえはいいのだが、じっさいは松原にあって未成熟だった貧民への認識が、横山源之助によって到達をみたとする評価が一般的だろう。たしかに横山の仕事は、それまでの「貧民窟」ルポルタージュとは一線を画し、各種の統計を駆使して明治日本の都市貧困の全体像を照らし出した。その手腕は、圧巻というしかない。だが、松原のルポルタージュが横山の社会調査へと「発展」するなかで、削ぎ落とされてしまったものがあるのではないか。かくいう私自身も大学院生だったころ、頼りにすべきは横山源之助の記述であって、『最暗黒の東京』のような書物はおもしろいけれど「調査」と呼ぶには荒削り、というふうに捉えていたように思う。けれど最近になって読み返すと、むしろ松原の記述の

「ただならなさ」に圧倒されてしまうのだ。

まるで塔の上から見下ろすように貧民街を俯瞰する横山に対し、松原はあくまで「貧民窟」にとどまり、住民たちのざわめきに身を置いたまま筆を走らせる。だから、横山の調査報告では消えてしまった貧民街の「におい」が、『最暗黒の東京』にあっては、ページのすみずみに漂っている。そのように言うのは、上述の引用文中の「苦熱悪臭また以て意となすに足らず」という表現のような、直截的な表現だけを指してのことではない。たとえば前田愛が『都市空間のなかの文学』（ちくま学芸文庫、一九九二年）において指摘したように、松原のルポルタージュを特徴づけるのは、「貧民窟」の雑多な食物や、それを食する住人たちのエネルギーの過剰さである。そこから湧き上がるにおいを、感じないわけにはいかないだろう。こうして松原は、地図的表象にたよることなく、「嗅覚の地理」をつかみとったわけだ。

『パラサイト』と階級の知覚

においというテーマでもうひとつ思い出されるのは、ポン・ジュノ監督『パラサイト——半地下の家族』（二〇二〇年）である。本作において、「半地下」に住まう貧しい家族は、鼻持ちならない優雅な金持ち一家に取り込み、その生活を呑み込んでいく。かれらはじつに巧みな演技と偽装で潜り込んでいくのだが、ある決定的な瞬間にその戦略はほころび、やがて物語は惨劇へと向かっていく。かれらが発するにおいに、「主人」が顔をしかめ、違和を感じるシーンがそれだ。この些細な反応のうちには、富裕層の貧民に対する嫌悪が凝縮されている。それはまた、貧困にあえぐ家族の憎悪をかきたてるに十分すぎる所作でもある。つまり、階級は鼻孔に宿るというわけだ。嗅覚とは、階級「意識」の手前にある階級の「感覚」に、ことさら鋭敏に反応する知覚なのだろう。

そう考えると、においをめぐる日常の様々な場面にも、重大な問いが潜んでいるかもしれない。たとえば気になるのは、発送した荷物を我が家に運んでくれる宅配労働者のなかで、おそらく消臭対策を施しているだろう人が、いつの時期からか増えたように思われることだ。とあるウェブサイトは「軽貨物ドライバーにおすすめな便利グッズ一六選」のひとつに消臭スプレーを挙げて、こう書き添えている。「最近はドライバーのにおいに関するクレームが増えていることから、『ファブリーズ』や『消臭力』などの消臭スプレーも一本車に積んでおくことをおすすめします」[★1]。どうやらこの国では、重労働のなか汗をかくことすら許されないらしい。もっと踏み込んで考えるなら、そこに見出されるのは、荷物を運んでくれる労働者を必要としていながら、労働者を遠ざけたいという歪んだ欲求なのではないだろうか。

もうひとつ、気になる事例を挙げよう。いまや大阪の政治は維新勢力に乗っ取られ、その覇権は他府県に広がりつつある。「大阪維新の会」が自分たちの功績としてしきりに持ち出すのが、たとえば天王寺公園の私有化（民営化）による公園の改変だ。かれらが誇らしげに言うには、公園をショッピングモールへと改造することで、公園経営から得られる利潤は増大し、見た目もきれいになった。だから、公園は「よくなった」のだという。無料であるべき公園で商業活動をゆるせば利潤は増大するだろうが、公園利用の公平性は踏みにじられてしまう。これは都市の行く末を左右する大問題なのだけれど、ここでは深入りしないでおこう。いま注目したいのは、「きれいにすること」がまるで重大な政治課題を克服したかのように宣伝される状況である。そこには、街や公園が「きれいになること」は、文句なしに「よいこと」であるに違いないとする確信が顔をのぞかせている。その内実にあるのは、労働者階級や貧民を遠ざけたいという欲求ではないだろうか。

ジェントリフィケーションと「消臭」

貧民や労働者階級を遠ざけようとする欲求は、いまや世界じゅうの様々な都市を蝕《むしば》み、都心での立ち退きの暴力をもたらしている。それは、「ジェントリフィケーション」という言葉で知られる動向だ。この言葉にどのような訳語をあてるのかには議論があるのだが、おそらくもっとも正確な訳語は「富裕化」だろう。けれどもほかに、いくつかの国では「社会浄化」と呼ばれたりもする。もともとの定義からややずれるのだけれど、「社会浄化」という言葉は、日本の都市で起きている問題のひとつの側面を、的確に示しているように思う。

ジェントリフィケーションのもっとも重大な問題は、立ち退きである。世界の都市では多くの場合、貧しい労働者が暮らす街は、だいたい都心に位置するものだった。そのような地域では、劣悪だけれども家賃の安い土地や家屋が残され、貧しい労働者やマイノリティがかろうじて住処《すみか》を見出すことができた。そしてその土地の上に、長い歳月をかけて、自分たちのコミュニティや文化を築いてきたのである。ところが、ある時期（最初に「ジェントリフィケーション」が観察されたロンドンにおいては一九六〇年代）を境に、そのような都心の土地は、不動産業者や金融業者にとって新時代の「開発のフロンティア」とみなされるようになった。そうして新たな開発資本が投下され、裕福な住民が招き入れられることで、家賃や地代の上昇により住民が住めなくなったり、ときには暴力的に追い出されたりする事態が引き起こされた。そのような現象は過去数十年のあいだに世界の各都市へと広がり、「プラネタリー・ジェントリフィケーション*」という言葉が示すように、いまや「惑星的」な規模の問題へと発展した。

厄介なことにジェントリフィケーションは、ただ街を均質なものにさせたり、ユニークさを消し去ったりするようなものではない。むしろジェントリフィケーションは、「売り」になるような街のユニークさを必要とするし、無理矢理にでもつくりだそうとする。だから、労働者街が長い時間をかけて培ってきた、たとえば「人情」や「下町らしさ」といった特性は、「お客」や消費者を呼び込むための「売り」として残されるだろうし、過剰に演出されることにもなる。

だから私たちには、「下町の人情」という言葉ひとつをとっても、「売りになる人情」と、もともとの「生きられる人情」とを見分けることが必要だ。では、「生きられる人情」と「売りになる人情」とは、いったいなにが違うのか？　この問いは様々な視点から考えることができるだろうが、ひとつ考えられるのが、まさに「におい」という要素である。冒頭で述べたように、寿町や釜ヶ崎や山谷のような、労働者の生々しい生活空間は、独特のにおいを生み出すものである。この「におい」は、そこに住む労働者にとってはなじみのものだろう。あるいは、松原岩五郎のような飽くなき探索者にとっては、新鮮な驚きと畏怖の念を抱かせるような要素である。けれども、「お客」や消費者にとっては、事情はまったく異なる。消費を期待してやってくる人びとにとってその独特のにおいは、顔をしかめるような、余計なものと感じられるだろう。「生きられる人情」が「売りになる人情」へと変えられていくときに消し去られ、それゆえジェントリフィケーションの兆候となるのは、「におい」の消失、ではないだろうか。この意味で、ジェントリフィケーションはたしかに「社会浄化」であり、「脱臭」なのだ。

*——プラネタリー・ジェントリフィケーション：二〇一〇年代に地球の都市人口は農村人口を上回り、しかも爆発的な都市化はグローバルサウスの国々で顕著にみられた。この未曽有の状況を、近年の都市研究は「プラネタリー・アーバニゼーション」と呼んでいる。プラネタリー・ジェントリフィケーションとは、そのような問題意識のもと切り開かれた新たな研究領域である。これらの動向については、平田周・仙波希望編『惑星都市理論』（以文社、二〇二一年）を参照してほしい。

共生だとか、共存だとか

思い起こすべきは、もともとの「生きられる人情」とは、その土地に住まう労働者や住民が生きるなかで、長い時間をかけて生み出したものであり、いわば民衆が共同でつくりだした共有物であることだ。ジェントリフィケーションは、そのうわずみを盗み取り、「売りになる人情」へと仕立てながら、そもそも「人情」を生み出した担い手を追い払ってしまう。こうして「きれいな下町」、もっと言えば「商品としての下町」が出来上がるわけだが、それこそ都市の自滅行為ではないだろうか。人情をつくりあげた当の住人を追い出しておいて、「きれいな下町」が長つづきできるはずもない。結局のところそこには、きれいで、明るくて、そしてひたすら虚しいだけの、ガラクタの空間が残されるだろう。

アンリ・ルフェーヴルが『都市革命』（今井成美訳、晶文社、一九七四年）において、「都市的なるもの」とは「出会いの点、寄せ集めの場所、同時性なのである」と強調したことを思い出そう（一四八頁）。出会いにこそ、かれは新しいなにかが生み出される可能性をみた。さて、たぶん日本語表現のせいだろうと思うのだけれど、「出会い」というと、予定調和的なニュアンスがどうしてもつきまとう。けれどルフェーヴルが言いたかったのは、緊張や矛盾、葛藤や対立すら孕《はら》んだ、もっと野蛮な「遭遇」だったのではないか。

いまもむかしも図書館では、野宿のひとが本を前にして座っている姿をみかけることがある。本を読むために座っているのか、身体を休めるために本を開いているのかは、どうでもいいことだ。本が、そのひとを支えていることに変わりはないのだから。図書館の静けさのなかでは、野宿のひとの存在の違和は、きわだって感じられるかもしれない。じつはそのような場面こそ、共生だとか共存だとかの言葉が真に試される瞬間だろう。そのとき私たちは、たしかにおなじ空間を共有しているのだから。そして、その出会いを支えるのが本だということが、とても重要であるように思われるのだけれど、どうだろうか。

★1――https://karukamo.info/goods/　二〇二三年一一月二〇日最終閲覧。

分かつ——豚が「汚くなる」とき

比嘉理麻

豚に触ったことがありますか？——人と動物のつながりのユートピアという幻影

　これまで人類学者は、極北から熱帯雨林まで、世界各地のさまざまな地域に出かけてゆき、それらの地域で育まれる人と動物の関係に魅了されてきた。私もその一人だ。私が初めて手に取った人類学の書籍は、古典中の古典、エヴァンズ＝プリチャードのヌアー三部作だった。★1 アフリカ・スーダン一帯に住むヌアーの人びとは、実に豊かな関わりを牛とのあいだに築く。親族関係、成人儀礼、結婚、宗教、紛争、そのすべてに、牛が関わる。牛なしに、生活は成り立たない。牛とヌアーの個別的な関係を描き出したエスノグラフィから、私は、人類学の大事な考え方のひとつである「全体的社会事実★2」を理解していった。「全体的社会事実」とは、ヌアーの人びとにとっての牛のように、当該地域の生活を貫いて、「牛を見れば、ヌアー社会の全体が分かる」というような社会事象を指す。

　沖縄研究に従事している私にとって、そのような対象が、豚だった。沖縄の人びとにとって、豚は生活の隅々にまで登場する。正月、葬式、結婚・結納、祖先祭祀は、すべて豚肉がなければ始まらない。沖縄の人びとにとって、大事なひと時に必ず寄り添うのは、豚肉なのだ。さぞかし、豚という生き物は、大事にされているに違いない。私は、意気揚々と、養豚場のフィールドワークへと出かけていった。そこで目の当たりにしたのは、ヌアーにとっての牛とは、似ても似つかない状況だった。議論を先取りして言えば、沖縄の人びとと豚は共に、産業社会のいびつな構造に埋め込まれていた。

エヴァンズ＝プリチャードから時を経て、現在、新進気鋭の人類学者マテイ・カンデアは、端的にこう述べる[★3]。人と動物の人類学は、人と動物の関わり合い、すなわち「関与（engagement）」のみを描き出してきた。そのために、人と動物のあいだの隔たり、すなわち「分離（detachment）」が描かれてこなかった。動物実験も、工場畜産も、動物と人との「分離」という関係のモードがなければ、成立し難い事象である。我々は、関与のみならず、分離も、人と動物の関係構築の一形態として認めねばならない。こうした関心から、カンデアは南アフリカのカラハリ砂漠で繰り広げられる科学者とミーアキャットの関係性を、関与と分離の双方に着目して描いていった。

ヌアーと牛もさることながら、霊長類学者ダイアン・フォッシーとマウンテンゴリラ、科学史家ダナ・ハラウェイと犬のカイエンヌなど、動物論は、関与の記述で満ち満ちている[★4]。しかし、カンデアが調査したミーアキャットの社会性は、べったりとした関与を受けつけない。そこでは、「親しき仲にも礼儀あり」といった「分離」のモードが、良好な関係構築に不可欠なマナーとなっている。ミーアキャットに促されるように、カンデアは、人間と動物の関係史を、「分離」の視点から描いていった。カンデアの研究により、人と動物の関係は、濃密な関与から、相互行為を差し控える分離まで、広範なグラデーションをもつことが見えてくる。

産業社会に目を転じれば、人間と動物の関係を捉えるのに、ディタッチメント（分離）も重要であることは、経験的に納得するところであろう。私たちが毎日のように食べる肉、その肉を生み出してくれる家畜たちの生と死に、直に触れる経験がほとんどない私たちは、日常的にそれらの動物たちから切り離され、「分離」されている。分離され、生き物たちの「感触」すら感じる機会の少ない私たちと、その家畜との関係を捉えようとすれば、「関与」だけが満ちた世界、すなわち、〈つながりのユートピア〉の枠組みだけでは不十分であることは明らかだ。私たちは、〈つながりのユートピア〉を超えて、家畜たちとディタッチ（分離）される歴史的経緯を見つめねばならない。ここからは、沖縄の人と豚が引き裂かれ、分離されてゆく、産業化という決定的なモーメントを見定めてゆこう。

豚が「汚くなる」歴史

戦前の沖縄では、九七パーセントの人が、豚を養っていた。沖縄の人のほぼ全員が、養豚農家だったことになる。それは、今の生活形態から想像し難い、驚くべき事実だ。会う人、会う人、養豚農家、というのは、どのような世界なのだろうか。当時の生活に想像を巡らせながら、産業化という契機に、〈全住民が養豚農家〉という沖縄社会が、どのような変化を経験したのか、そこで豚という家畜と人間の関係はどのように変容したのかを見ていこう。

戦前、日本一の養豚県でもあった沖縄は、第二次世界大戦の地上戦で、壊滅的な破壊を被った。★5 全住民の四人に一人が亡くなり、豚も同様に、戦闘に巻き込まれ、死滅した。生き延びた豚の数は、僅かで、沖縄本島で一〇〇〇頭に満たなかったとされる。戦後の養豚復興は、文字通り、ゼロからの復興となった。そこで目指されたのは、「戦前並み」の復興であり、養豚の場合、それは各家庭の屋敷地の中で一~二頭の豚を養う、という小規模な飼育スタイルだった。戦禍を経て、戦前同様の、全住民の養豚農家計画が、米軍占領下で実行に移されたのである。戦争による壊滅状態を考えれば、戦後一〇年で「戦前並み」の養豚復興が成し遂げられたのは、驚くべき速さであった。沖縄全域での豚の飼育頭数は、戦前並みの一〇万頭に達した。

当時、豚は、専用の豚舎ではなく、人間の居住地の一角にある簡易の豚小屋の中で飼育されていた。★6 たいてい、母屋のすぐ隣に、豚小屋があり、そこで食事の残飯やサツマイモの葉や蔓、小さな「イモくず」などを豚は与えられ、一年かけて育てあげられた。正月には、家族・親戚総出で、豚を屠《ほふ》る「ウワー・クルシ（豚殺し）」を行い、豚肉を分け合って食べた。しかし、このようなスタイルの養豚は、沖縄の本土復帰を迎える一九七二年を前後して、劇的に変化することとなった。戦前並みの復興から、さらなる「発展」を希求する産業化の幕開けである。養豚の産業化は、豚の多頭飼育化と、それに伴う分業化の進展から成る。その過程で、人と豚の関係は、著しく変化した。

まず、母屋の隣で飼育されて、人間の居住地の中で育てられていた豚は、増産され、頭数が増えるにつれて、居住地の中に収まらなくなり、専用の豚舎で飼育されるようになった。ここで、人と豚の物理的な距離は、決定的に、変化する。具体的には、各世帯ごとの豚の飼育頭数が一〇頭を超える一九七八年には、屋敷地の外で、人間の居住地とは離れた別の専用の場所で豚が飼育されるようになった。理由は、単純で、一〇頭の豚を養えるスペースの広い家がないからだ。このように、豚の増産・多頭飼育化を推し進める過程で、豚は人間の居住空間から、物理的に離れていったのである。現行の養豚は、夫婦二名という小規模な形態でも、最低でも二〇〇頭ほどの豚を飼育しており、その量的な規模の拡大を必須とする養豚の産業化が、人と豚の居住環境を分離する動因となったのである。

豚の遠隔化は、人と豚の関係を考えるうえで、決定的な変化をもたらした。それは、みんなが家で豚を飼っていたときは、豚は汚くなかったのに対して、豚が人から遠ざけられることで、「異臭」になって汚くなったことだ。[★7] 村社会の中で、ほぼ全員が養豚農家であることを想像してみよう。豚は、どこの家にもいる「当たり前」の存在であり、豚のにおいは特別なものではなく、そこかしこに漂う「当たり前」のにおいであった。人と豚が共に長く一緒に居れば、豚は文字通り、「異臭＝異なるにおい」ではない。私と豚は「同じにおい」になる。村中に豚が溢れているというのは、豚のにおいが、自らの生活圏の当たり前のにおいとしてあることを意味する。

しかし、豚が屋敷地の外へ、村の外れの空き地へ、隣村へ、と遠ざけられる過程で、豚のにおいは「あっちから臭う」ものへと変貌する。すなわち、「異臭」になっていく。だから、豚が「汚く」「くさく」なったのは、豚のせいではなく、関係性の問題、人と豚の関係の変化（物理的な遠隔化）を原因とするのである。この点は、繰り返し強調する必要がある。豚が汚く、くさいから、人間から遠ざけられたのではない。豚は、人から遠ざけられた結果、汚く、くさくなったのである。

だが、これは、あくまで養豚場の外部者、すなわち養豚をやめていった人たちのあいだに生じた話である。すなわち、豚の遠隔化は、養豚をやめて、大勢の人々が消費者となってゆく過程で生じた、人と豚の分離についての話である。当然ながら、その裏には、今も、豚を育てている人びとの営みがある。しかし、養豚場の外部者の眼差しは、養豚場の内部者を捕らえて離さない。

「汚れ」と差別

ここからは、養豚場の内部に目を転じ、そこでどのような豚との関係性が生まれているのかを描いてゆく。[★8] 養豚場の内部者は、それぞれ、豚への関与と分離の按配に関してグラデーションがある。その微細な差異に注目すると、養豚場の内部では、外部者の眼差しにさらされる度合いによって、豚への関与と分離の按配が変化する様が見えてくる。ここでは、三つの物語を見ていこう。

「汚い」養豚場の「綺麗な」人びと

沖縄本島北部の山あいに面したとある養豚場。そこは、小規模な屋敷内養豚から、一代で、ひと月当たり一〇〇〇頭の豚を出荷するほどの大規模化に成功した、五〇代男性の社長が営む企業経営の養豚場である。現場で豚の飼育・管理に携わるのは、わずか一一名の従業員だ。社長はというと、沖縄県の養豚推進プロジェクトに積極的に関わり、在来豚アグーの復興をはじめ、豚食文化の底上げに尽力する人物だ。社長は、同養豚場の広告塔であり、現在、豚の飼育に直接関わることはない。私が同養豚場でフィールドワークをしたとき、社長は、地元メディアの取材を頻繁に受け入れており、アグーと一緒にいる写真付きで、新聞に掲載されることも多々あった。

メディアの取材や養豚場見学のため、養豚場を訪れる人は、来客用の応接室に通される。まず出迎えてくれるのは、社長夫妻の豚コレクション、まさに豚好きを思わせるさまざまな豚のオブジェの数々である。来客に振る舞われるお茶の湯呑みも、在来豚アグーを模した特注のものである。そこで、社長は、数頭の豚から多頭飼育化に成功するまでの苦労話を私に聞かせてくれた。豚一筋の人生の賜物がこの養豚場なのだ、としみじみと感じ入っていた私は、徐々に、社長の振る舞いや言動が気になり始めた。例えば、その応接室は、現場に出て豚の世話をする従業員たちが休憩する部屋と繋がっており、そこに一枚の窓があるのだが、その窓は、決して、開け放たれることがなかった。窓には鍵がかけられており、現場従業員の側からは開けられない仕組みになっていた。仮に社長が従業員に用事がある場合には、少しの間だけ窓を開けることがあるのだが、用事が済むと、すぐさま窓を閉め、社長は顔をしかめ、「豚カジャー（豚のにおい）が入ってきた」と言い、苦々しい表情を浮かべたのだ。

それだけでなく、養豚場の現場に出た従業員は、この応接室にも、その後方に控える事務職員の常駐する事務職員室にも、さらにその奥の社長室にも、立ち入りが厳しく禁止されていた。実際、私も「来客」として訪れた際には、何ら問題なく、それら応接室・事務室・社長室に案内され、入室することができたのだが、実際に養豚場での参与観察につきものの、豚の飼育作業に私が関わるようになるや否や、作業着のまま、それらの部屋に入るのを禁じられてしまった。事務職員の女性と休憩時間に、昼ご飯を一緒に食べることになったときには、「あんた、豚カジャーがする」と言われ、一時間という短い休憩時間でさえ、私はシャワーを浴びないと、その部屋に入れなかった。だが、驚きはここで終わらない。

この事務職員の女性は、あるとき、養豚場への通勤時に使用している自家用車に乗り込んだ娘から、「おかーさんの車、くさい」と言われたという。そのことにショックを受けた彼女は、この話を社長にしたところ、社長は、彼女に、養豚場に通うための専用の車を支給してくれたのだ。この職員は、確かに勤労二〇年で、養豚場の経理の一切を任されているのだが、その働きを鑑《かんが》みても、専用車の支給というのは、手厚すぎる「過剰な」手当てだろう。しかし、それほどまでに、彼女は豚のにおいを徹底的に忌避せねばならなかったのである。

このように社長と事務職員は、豚と自身の間に境界を設け、その境界が侵犯される事態、すなわち、豚のにおいが自らの空間や身体に侵食するのを入念に避けている。両者が共に、養豚場で最も外部者の視線にさらされる役職であることを踏まえるならば、彼らの徹底的な豚との分離の態度は、豚を遠ざけ、異臭化して忌避し、ときに養豚場の排斥運動まで起こす、社会の圧倒的多数を占める消費者＝外部者の眼差しの産物だといえよう。

「あのネーネー、豚のにおいがする」

次に取り上げるのは、小規模な世帯経営の養豚場主の夫妻の豚との関わりである。上述した企業養豚の社長や事務職員とは異なり、実際に豚の飼育に関わる人は、豚との完全なる分離は叶わない。夫妻は、役割分担して仕事をしており、主に、妻は、メス豚の出産介助と、生まれた子豚の世話、離乳後の子豚の体調管理を担当する。夫は、豚の餌やりと、種付け作業、妊娠中の母豚の体調管理を担う。

妻は、作業をするときに、豚に触れることを厭わないが、夫の方は、極力、豚に触れないように、細心の注意を払いながら作業を行う。例えば、夫は、作業着の全面を覆う、撥水加工のエプロンを常時着用し、豚が仮にぶつかってきても、エプロンの下の作業着に、豚が直接触れないなどの工夫を行う。それに対して、妻は、夫から衣服の全面を覆う撥水加工のエプロンを着用するように再三言われていたが、エプロンを着用しないで作業をする。だが、彼女は全く豚との接触を避けないかというと、そうではなく、豚舎に入る前には、必ず、頭髪をすっぽりと覆うニット帽をかぶり、頭髪に豚のにおいが付くのを防ぐ。彼女は養豚場での作業の帰りに、養豚場外部の大勢の人がいるバスに乗る私を気遣って、私にも、ニット帽をプレゼントしてくれた。バスで、「あのネーネー、豚のにおいがする」と後ろ指を指されないためにだ。

一方、夫の方は、撥水エプロンの下には、意外なことに、汚れの目立ちやすい真っ白なツナギを着ている。夫は何着も真っ白な作業着を持っていて、来る日も来る日も、白い作業着を着ていることが、フィールドワークを始めたばかりの私には不思議でならなかった。白い作業着は、明らかに豚の糞などの汚れが目立ちそうだったからだ。そのため、私は汚れの目立ちにくい紺色の作業着を買って、働いていた。だが、ある日、紺色の作業着を着ていた私が、給餌後に、豚の粉末状の餌で汚れたのを見て、彼が自分の真っ白な作業着が汚れていないことを自慢げに語ったとき、私は、彼が白色の作業着を選んだ理由が分かった。白色の作業着は、養豚作業に従事しながらも、自分の服に豚の汚れが一点も付いていないことを証明するものだったのだ。

あるとき、午前中の仕事を終え、木陰でタバコを吸っていた彼の横で、私も休憩していたとき、一台の車が目の前を通り過ぎていった。そのとき、彼は、車の運転手に向かって、会釈をして挨拶をしたのだが、車の男性は前方を向いたまま、気づかず、通り過ぎていった。その直後、彼は、私にぼそりと、「豚がくさいから、村の人が（自分に）挨拶しない」と言ったのである。その一言で、私は、車の男性が彼の存在に気づかなかったのではなく、気づいたにも関わらず、気づかぬふりをしたことがわかった。私は、豚のにおいをめぐって、人と人の間に分断が起きていること、しかもそれが他でもない、九七パーセントの人が養豚農家だった沖縄において起こっていることに衝撃を受けた。同時に、養豚農家が、沖縄の豚食文化を支えているにも関わらず、そのような仕打ちを受ける人がいることに憤りを覚えた。彼の自慢げに語る真っ白な作業着は、「くさく・汚い」豚と自身の分離を証し立て、明示化する、ささやかで切実な自己呈示《セルフ・プレゼンテーション》だったのだ。

このように、可能な限り、豚との分離に努める夫が、自宅の中には、作業着のまま入り、昼ご飯を食べ、その後、居間で横になり、昼寝をして休憩するのが、私は不思議だった。妻も同じく、作業着のまま自宅に戻り、昼食を作り、食べて、その後、長めの休憩を取るのが日課だった。三人の子どもたちが学校から戻ってきたときも、私は作業着のまま、子どもたちと談笑したり、一緒に絵を描いたりして遊んだ。私は最初は、先述の企業養豚場での経験があったので、内心、「くさい」と言われないかヒヤヒヤしていたのだが、子どもたちからそう言われたことは一度もなかった。世帯経営の養豚農家では、自宅と養豚場の分離は、厳格なものでなかったのである。しかし、あるとき、妻が仕事の終わりに、子どもたちを車に乗せて、スーパーに買い物に行かねばならないことがあった。そのときは、子どもたちが「お腹すいた」と、スーパーに行くのを急かしていたにも関わらず、妻は、彼らを待たせてまで、シャワーを浴びて、着替えをしてから、スーパーに出かけていった。通常の作業で豚に触れることを厭わず、豚との分離が夫より緩い妻の方でも、外部者の視線に晒《さら》される場所に出るときには、豚の「くささ・汚さ」を強く意識する。自宅と養豚場の空間的境界が強固ではない夫妻は、企業養豚の社長や事務職員のように豚の「くささ・汚さ」を内面化しているとまではいかないが、外部者の視線が強く意識される局面では、豚との接触の痕跡を周到に消し、豚との分離を確立している。

豚の血だらけでも綺麗

最後に、企業養豚場で働く四〇代の男性Hの豚との関わりを取り上げる。男性Hは、繁殖用のメス豚の管理を担当するベテランで、主に、メスの発情を見極め、発情期に入ったメス豚に、人工授精で精子を注入する仕事と、妊娠中のメス豚の体調管理を任されていた。メス豚の発情確認は、男性H一人で行うのではなく、オス豚の「クロちゃん」とタッグを組み、協働して行う。男性Hは、豚の体に触れることを厭わないどころか、積極的に豚に触れ、豚の飼育・管理を行っており、特にクロちゃんを特別に可愛がっており、作業に関係なくとも、積極的に声をかけ、クロちゃんが近づいてくると、必ず、柵の間から手を入れて、クロちゃんの背中を撫でてあげたりする。クロちゃんの方も、男性Hが近くを通るときには近づいていき、鳴き声をあげる。Hは、養豚場随一の豚に関与する人なのだ。

豚の人工授精は、生理食塩水で希釈した豚の精子を容器に入れ、そこにストロー状の管を付け、メス豚の外陰部から、精子を注入する。そのとき、作業自体は、豚の外陰部に最初、管を差し込むまでの間、触れるだけで済む。だが、男性Hは、精子の注入が終わるまでの間、メス豚の背中を撫で続けてあげる。時折り、途中にメス豚が動き出しそうになると、自身の膝で、豚の後ろ足の付け根をトントンと叩く。この動きは、交尾のときのオス豚の行動を模したものだという。さらに、通常はU字型のフックをメスの背にはめて人工授精を行うのだが、男性Hは、その道具を使うより、実際に自分がメスの背に跨《またが》って、精子を注入した方が、メス豚が暴れずに、精子の注入も早く上手くいくと言って、実際にその行為を日常的に行っている。男性Hの作業着は、広範囲にわたって豚の「よごれ」だらけである。

さらに、男性Hは、難産でメス豚が苦しんでいるとき、外陰部から自身の手を突っ込んで、肩近くまで腕を入れて、途中で引っかかっている子豚を引っ張り出してあげたこともあった。他にも、出産後に「子宮脱」といい、外陰部から子宮が飛び出してしまったメス豚に対し、外陰部から子宮を押し戻し、元の位置に入れてあげ、作業着が血だらけになっていた。これに限らず、男性Hの行動は際立っていた。普通は、作業後に、彼以外の従業員全員が、従業員の部屋に設けられているシャワー室で、シャワーを浴び、そこに設置されている洗濯機に、その日に着た作業着を入れ、そこで洗濯し、着替えて帰る。それに対して、男性Hはシャワーも浴びず、作業着のまま、自家用車に乗って帰宅する。子宮脱を治した日も、いつもと同じく、血だらけの作業着のまま、車に乗り込み、他の従業員を驚かせていた。男性Hは、特段気にかけることなく、「出産に立ち会えば、血は付くさー」と笑顔で言い、帰っていった。彼の作業着は、自宅で妻が洗濯してくれるという。

後にも先にも、豚との間に一切の距離を設けない人は、男性Hだけだった。彼は、養豚作業に不可欠なこと以外でも、豚に積極的に関与し、自身と豚との間に境界を設けない「分離ゼロ」の人だった。同じ養豚場で働く人の中にも、社長や事務職員のような「分離派」と、男性Hのような「関与派」がいる。男性Hの作業着を自宅で妻が洗濯してくれるということから推測すれば、男性Hの妻や家族は、帰宅した彼に「くさい」などと言わないのだろう。事務職員の女性が娘からの一言で、豚との分離を徹底させていったように、養豚場を取り囲む外部者の視線や発言は、養豚場で働く人びとと豚との関係を大きく方向づけているのである。

その根底には、沖縄の養豚の歴史における、人からの豚の遠隔化という社会・環境構造がある。豚が、汚いからディタッチ（分離）しているのではなく、ディタッチ（分離）されているから汚いと感じる感性が生まれたのだ。そこには、先に論じたような、産業社会において、豚が

「汚くなる」歴史がある。同じ産業社会を生きる我々が、そうした感性と無縁ではないことは、今や明らかだろう。

来たるべき汚穢の倫理――〈汚くなってみる〉という契機

ここまで、一）企業養豚場の社長と事務職員に顕著な、豚との徹底的な分離、二）世帯養豚場の夫妻の、豚との部分的な分離、三）企業養豚場の繁殖メス担当の男性Hの豚との分離ゼロ（関与一〇〇パーセント）、といった三種類の関係を描いてきた。以上から分かるのは、豚との分離が、養豚場の外部者の眼差しにより生じており、外部者の視線に晒されるとき、養豚場の内部者は、豚との関与を減じ、分離を推し進めていることである。一方、豚と自身の間に一切の境界を設けず、分離しない男性Hは、自家用車で通勤しており、養豚場の外部者の眼差しに晒されることなく、かつ、彼の家族も豚の分離を促すような「豚のにおい」に言及しなかったと推察できる。だからこそ、男性Hは、豚に積極的に関与し、豚の出産時の苦しみに、心置き無く寄り添い、介助することができたのだ。豚の血に染まる彼の作業着は、徹底的に排除し、早急に消し去らねばならないような汚れではなく、「生きているからこその当たり前の汚れ」なのであり、彼はその汚れを生きている。

家畜と人間が分断された産業社会において、両者の関係は、もはや元には戻れない。私も、豚が遠隔化する産業化以前の沖縄に戻ることができないのは、重々承知だ。しかし、そのような社会においてこそ、男性Hのように「汚くなってみる」ことが必要なのではないだろうか。それは、人と家畜の分断社会の中での「汚さ」をしっかりと引き受けることである。それには、例えば、豚に近づくことが求められる。それによって、産業社会によって構築された豚の汚さが消えるわけではない。だが、それでも多くの人々が、それぞれの仕方で差異を孕《はら》みながらも「男性Hになる」ことで、分断された社会が生みだした汚さを受けとめたうえで、もう一度、人間と家畜との関係、家畜の美しさや汚さ、そして人間の美しさや汚さを再考する倫理の道筋が見えてくるかもしれない。

実のところ、私も養豚場でフィールドワークをして、実際に働いてみて、はじめて、なぜ、この豚が汚いとされるのかという問いをもつようになり、産業社会で豚が「汚くなる」歴史の探究に向かったのである。つまり、私にとっては、豚から隔てられ、分離したままでは不可能な「汚れ」をめぐる倫理的思考が、豚に近づいてみることで、はじめて可能となったのである。そのとき確かに、産業社会の人間と家畜をめぐる「汚穢」の倫理的な地平が切り開かれた。これは一例だが、産業社会を生きる皆が、さまざまな形で「汚くなる」ことで、多様な汚穢の倫理が生まれるのではないか。それは、汚穢を克服したり、ましてや排除したりすることではない。おそらく、私たちは汚さを克服することなどできない。それでも、自分が汚くなることで、汚さを引き受けることで、我々の生と汚穢の複雑なあり方を見つめ直すことができる。汚穢から目を逸らさずに、汚穢を身をもって引き受けることは、我々が改めて新しい問いや生を紡ぎ始めることを可能にする、一つの倫理的な契機なのである。今、その一歩を踏み出すときが来ている。

★1—エヴァンズ=プリチャード、E・E『ヌアー族の親族と結婚』(長島信弘・向井元子訳、岩波書店、一九八五年)、『ヌアー族の宗教(上・下)』(向井元子訳、平凡社、一九九五年)、『ヌアー族——ナイル系一民族の生業形態と政治制度の調査記録』(向井元子訳、平凡社、一九九七年)

★2—モース、マルセル『社会学と人類学I』(有地亨・伊藤昌司・山口俊夫共訳、弘文堂、一九七三年、三九一頁)

★3—Candea, Matei. (2010) "I fell in love with Carlos the Meerkat": Engagement and Detachment in Human-Animal Relations, *American Ethnologist* 37(2):241-258.

★4—ハラウェイ、ダナ『犬と人が出会うとき——異種協働のポリティクス』(高橋さきの訳、青土社、二〇一三年)、フォッシー、ダイアン『霧のなかのゴリラ』(羽田節子・山下恵子訳、平凡社、二〇〇二年)

★5—沖縄県農林水産行政史編集委員会編『沖縄県農林水産行政史　第五巻畜産編・養蚕編』(農林統計協会、一九八六年)

★6—豚の飼育形態の変化と、それに伴う人と豚の関係の変容については、比嘉理麻『沖縄の人とブタ——産業社会における人と動物の民族誌』(京都大学学術出版会、二〇一五年)の三章に詳しい。

★7—豚の遠隔化に伴う「異臭」化と、その後の悪臭関連法令の施行とその内面化による豚の「悪臭」スティグマ化の詳細なプロセスは、比嘉理麻『沖縄の人とブタ』(京都大学学術出版会、二〇一五年)の三章を参照。

★8—養豚場の中で繰り広げられる人と豚の関係は、比嘉理麻『沖縄の人とブタ』(京都大学学術出版会、二〇一五年)の四章の記述に基づく。

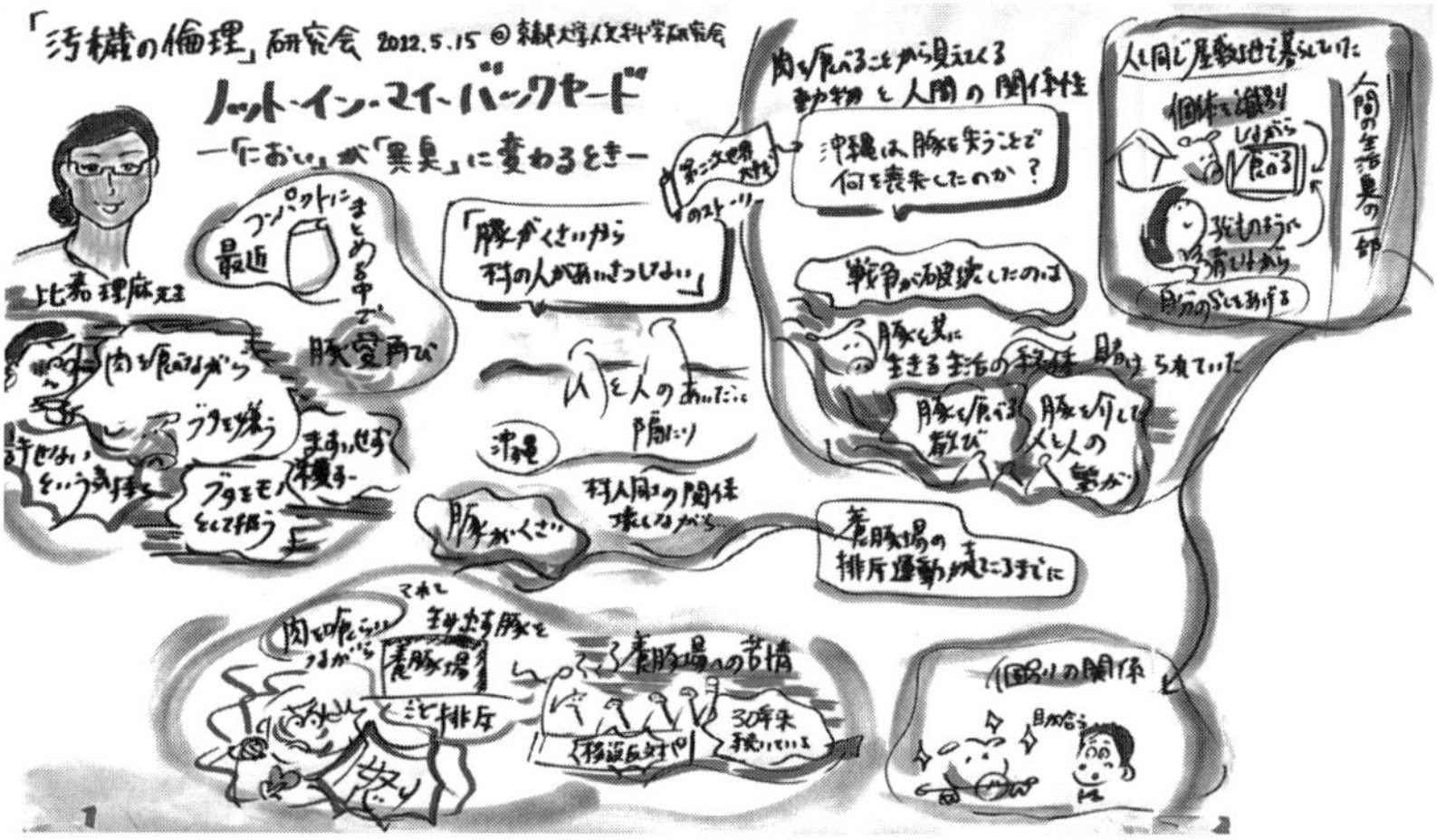

「汚穢の倫理」第5回研究回（2022.5.15）京都大学人文科学研究所にて。
ゲスト比嘉理麻氏の話題提供のグラフィック・レコーディング ©SayoDemura

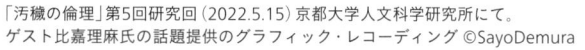

におう——腐臭の境界

福永真弓

鶏を解体する

ぶち、と切れた感触が手に伝わって、ああ、と口からため息と間抜けな声が漏れた。北カリフォルニアの自営農場で、せっせと鶏を解体していたときのことだ。フィールドワークのため農場に間借りし始めて、一月《ひとつき》ほど経っていた。その日はクリスマス用の七面鳥と鶏を絞める日だった。雨がちな冬に珍しく、素晴らしく晴れていた。農場のある高台から見渡せば、太平洋の向こう側さえ見えてきそうな空の明るさだった。解体びよりだ。

早朝からはじめて四羽め、今朝絞めた分はこれで終わりだったから、ちょっと油断したのかもしれなかった。ぶち、という嫌な感触の後、開いた肛門から入れていた手が、どろりとした腸の内容物に触れた。腸を破ってしまったのだ。慌てて、しかし慎重に手のひらでその部分をくるみながら、臓物ごと手を引き上げた。手を入れてぐるりと腹腔内を探って内臓とその膜を確かめたときは問題なかったのに。きっと、ぐっと臓物を引っ張るところで失敗した。とにかく腸の中身が他に触れないようにしながら、他も急いで掻き出す。胆嚢が傷ついていないかも確認する。緑のそれはとにかく苦いので、絶対に破くなと教わっていた。

幸いなことに、腸の中身はわたしの手のひら以外にこぼれていなかったし、胆嚢も無事だった。きれいに腹腔を布巾でぬぐった。レバーは腸の内容物にまみれてしまっており、ちぎれていた。砂肝、心臓は大丈夫。手とナイフをきれいに洗って、手早く切り取った。その他の内臓は廃棄用のバケツに入れた。

作業台の上をきれいに拭き終わった頃、家主のジェーンとデイビッドがポーチの向こうからやってきた。二人は処理済みの七面鳥を一羽ずつ抱えていた。クリスマス用だから、もちろん丸のままだ。

二人にちょっと失敗した、と伝えると、じゃあ肉の様子を見るから、そっちのバケツをお願いね、とジェーンが指さした。アルミのバケツ二つに、血、羽、脂肪、使わない臓物などコンポスト行きの廃棄部位がたっぷり入っていた。もともと、砂肝や心臓、首肉、尾羽のところの肉もそこに捨てられていたが、わたしは解体時に自分用に確保し、美味しくいただいていた。なんたって、焼き鳥用語に翻訳すると、砂肝の他、順に、ハツ、セセリ、ぼんじりだ。食うだろう。捨てるなんてもってのほか。近所の人たちには眉をしかめられていたが、二人は面白がってわたしの好きにさせてくれていた。ジェーンに至ってはわたしの作った砂肝のコンフィを好むようになっていた。

今回もいただいた臓物たちを手早く別のボウルにまとめる。今朝からずっと、頭上を猛禽類やカラス、カモメたちがうろうろしていたから、油断はできない。見るからにつやつやして美味しそうな臓物なのだ。殺して捌いたばかりの鶏は抜群に味が良い。やらんぞ。心の中で頭上の鳥たちにけんかを売る。

ついでに砂肝を開いて銀皮と呼ばれる白い部分も取り除いた。気分は、小学生の頃に憧れた小説、ローラ・インガルス・ワイルダーの『大きな森の小さな家』の主人公たちだ。日本ではテレビドラマシリーズ『大草原の小さな家』として人気を博した小説の第一作にあたる。豚を絞めてソーセージやハムなどに加工するとき、ローラとメアリーは父さんに豚の尻尾をもらっていた。二人は、それに鉄の串を刺して、たき火であぶって、じりじりと脂が出て焼けたところに塩を振って食べるのだ。子供心に、まあなんて美味しそうなんだろう、と思ったものだった。その鶏バージョンを今日楽しめる。ぼんじりは豚の尻尾よろしく火であぶるとして、他はどうするか。

鼻歌交じりに廃棄部位の入ったバケツに近づくと、むわっ、と強いにおいに包まれた。わたしの手もエプロンも、鶏の皮と脂肪、血、それ以外の分泌物にまみれていたが、わたしの鼻は早朝からの作業でそのにおいに慣れきっていた。それでも、思わず身体がちょっとのけぞる臭さがわたしの身体を包んだ。バケツの中で羽、血、臓物、脂肪、鶏糞などが入り交じったものは、人の吐瀉物のように、そのにおいを嗅いだ人に嘔吐を催させる不快なにおいに転じていたのだ。

いつも不思議に思っていた。鶏を絞め、解体をし始めるときには、不快さを催させるにおいはそれほどしない。もちろん、首を切り落としてぶら下げたときに流れ落ちる血も、湯につけて羽をむしるときの羽も、内臓を抜くときの皮や脂、分泌物も、それぞれの臭気を放っている。それでもまだ、そのにおいは、生きた鶏の一部にそれらがあるときの、延長上のにおいであるように思う。わたしが破ってしまった腸からはみ出たのは、甘い穀物の蒸したようなにおいと鶏糞のにおいが混じった、黄緑と黄土色の半固形物だった。吐き気を催すようなものではない。しかし、作業が終わりに近づく頃には、血も臓器も、その中身も、不快な臭気を生み出し始める。わたしが両手にぶら下げたバケツの中身のように。

わたしはうっかり転んだり、中身を跳ね上げてズボンに飛沫を飛ばしたりしないように、慎重に歩いた。庭の一角にしつらえたコンポストの前にそっとバケツを置き、ひっくり返らないか位置を確認してから、スコップでコンポストを掘り始めた。長靴に熱が伝わってきた。だいたい五〇度から六〇度ないといけない。ちょうど良さそうだった。

二つのバケツの中身を違う場所に空け、ウッドチップや藁とまぜ、その上にさらにウッドチップと藁を重ねて厚く蓋をした。蓋をしないとアライグマがやってきて掘り返すのだ。農場で働くようになって、日本語でラスカルの異名を持つファニーフェイスの四ツ足動物は、ひよこを遊びのためだけに殺す、器用でずる賢い、わたしの永遠の天敵に変貌した。奴らの好きにはさせん。五本指の器用なあくどい隣人を思い浮かべてチップと藁を盛った。作業は捗った。

最後に表面をならして一息つく。斜面に張り付くように立っている母屋の向こう、海からざーっと暖かい風が渡ってきた。裏の林の方からやってきていた、ヒンヤリした空気が押し戻されていく。こんもりと盛り上がった別のコンポストからあがる湯気も風がかき消した。そこはサンクスギビング用の七面鳥の残余が埋められたところだった。近寄ってちょっと掘り返してみる。うまく発酵してくれているようだった。臭くはない。数週間前に解体され、腐臭を同じように放っていたはずの七面鳥の残余は、甘い、そして深く濃密な堆肥のにおいに転じ始めていた。そう、腐臭から堆肥臭に変わったのだ。長靴の先はこちらの方が熱かった。今日埋められた鶏の残余も、いずれこうして堆肥に変わっていくだろう。バケツにこびりついた血を水で流し、コンポストに注ぎ込む。

すべて世はこともなし。世界がまるく、ゆっくり回っている気がした。風も、土も、鶏たちも、そしてその残余を埋め終えた自分も、こちらを狙って頭上を回る猛禽類も、どこかで鼻をひくつかせているかもしれないアライグマも、コンポストの微生物たちも、ひどく呼吸の合った舞台にいるような、そんな冬の日だった。

腐臭の境界

生きもののにおいは、その生きものの死を経て、腐ったにおいとなる。コンポストのように、バクテリアによる分解や化学反応で適切に処理されると、腐敗と感じるものとは別の「もの」のにおいになる。もともと人間の身体は、無数の生命現象のコロニーみたいなものだ。一つ一つの細胞も、集団としての臓器も、そのコロニーをまとめる大きな生命現象としての人間のもとにある。日々、わたしたちの身体の中の細胞は死に、いくらかの細胞の塊は頭皮のふけのように体表から剥がれおち、脂や汗と入り交じって垢となり、あるいは口から入った食物のなれの果てと一緒に肛門から出ていく。わたしたちは身体から離れたそれらを、饐《す》えたにおい、悪臭だと感じる。

だが宿主が死んだコロニーのなれの果ては、日々のそうした悪臭よりも遥かに強烈なにおいを放ち始める。鶏が死ぬと、コロニーのメンバーだった細胞も臓器も、属するコロニーから投げ出され、生命現象を支えてくれた場もつながりも失う。もちろん、みずからの生命現象も失う。その遺骸をめぐってバクテリアの活動や化学反応が始まり、人の目から見れば「腐り」始める。藤原辰史が腐敗と分解をめぐって思考した『分解の哲学――腐敗と発酵をめぐる思考』（青土社、二〇一九年）に印象深く記述されるように、始まるのは多種多様の生命現象が集まる、騒々しく活発な新しい祝祭だ。

他の生きものたちにとっては、新しい祝祭、コロニー形成の始まりだが、人間にとってそれがどういうものかは別問題だ。

ではそうして見守っているときに、目の前の新しい生きものたちの祝祭的集合が人間にとっていいものかどうかは、どう判断されてきたのか。

においである。

コンポストに埋め込んだ臓物は、人間がわざと分厚くした別様の生命現象のコロニー、有用な堆肥になるためのバクテリアと化学反応を推進する装置に巻き込まれ、人間によって注意深く見守られ、堆肥に転じる。

だが、コンポストの具合を確かめようとも、舌で確かめることはできず、耳でも同様である（堆肥の味や音を聞き分ける猛者もいるが）。ぬめり具合などの触覚、液だれや色、形状などの視覚の情報も重要だが、中でも嗅覚はしごく大事な指標となる。うまく発酵が進んでいないコンポストはにおう。液だれを確認できるようなものは、相当だ。鼻を覆いたくなり、吐き気すら催す腐臭としか形容できないにおいがする。堆肥作りとしては失敗だ。そんなときは、もう一度おがくずや藁を敷き込み、水分を足したり引いたりして、また高温になったら切り直しをすればなんとかなる。上手くいけば、腐臭は堆肥臭に転じてくれる。においは、コロニーが人間の想定と違う方向に進むのを引き戻すための大切な指針なのだ。

そもそも嗅覚は空気中を飛ぶ微量のにおい物質（化学物質）を受容して「におう」ものだから、視覚とは異なる領域にある多くの情報をわたしたちに教えてくれる。におい物質は、生きものの個体の生育や生命を維持するための、普遍的で種に共通する一次代謝によってではなく、それに付随して各生物種固有の有機化合物群を生み出す二次代謝経路の産物によって多く生まれる。だからこそ生きものの祝祭は雑多ににおう。

においを感じる嗅細胞の先端にある無数の嗅繊毛がそのにおい物質が鼻粘膜に到達すると、においを感じる嗅細胞の先端にある無数の嗅繊毛がその物質を受け止める。におい分子の違いを識別する嗅覚受容体がにおいを感知し、そのデータが嗅球を通って大脳へ送られる。*　そこから、記憶を呼び起こしてにおいを特定する海馬、情動的に快不快を決める扁桃体、ホルモンの分泌を行う視床下部に伝わる**（東原　二〇〇七）。

におい物質の需要からデータの伝達過程が起こる場所が海馬、扁桃体、視床下部と近く、ゆえに嗅覚は、記憶や感情、身体の反応と親しく結びつく。そのにおいに関する快・不快の情動と経験がにおいの感知と共に記憶され、再びそのにおいの情報がやってきたときに直ちに想起される。こうした嗅覚のメカニズムゆえに、この感覚は視覚、聴覚よりも「本能的・直感的なもの」とみなされ、長らく西欧社会では動物的な領域に封じ込められてきた。感覚を重視して経験論を語ったフランスのコンディヤックすら、人間が認識や知識を得る上で最も寄与しないのが嗅覚であるとみなしていた（コンディヤック　一九四八）。

*——このメカニズムが解明されたのはそう昔のことではない。二〇〇四年にR. アクセルとL. バックは、嗅覚受容体遺伝子を発見した業績により、ノーベル医学生理学賞を受賞した。この受賞によって、嗅覚のメカニズムがやっと解き明かされ始めたばかりだった、というもう一つの事実も世を驚かせた。

**——最近の研究では、嗅覚受容体そのものがにおいの質情報を持ち合わせていることも明らかになった（Horio et al. 2019）。

しかも、現在の科学技術をもってしても、人の嗅覚情報の記録と再現は難しい。視覚は青、赤、緑、白の四種類の光受容タンパク質に由来する情報からなる。写真で誰しも見たことがある、RKBと明度が視覚の表現を可能にする二つの支柱だ。しかし嗅覚の嗅覚受容体は四〇〇にのぼり、複数の受容体にまたがって表現されるにおいもあるなど、複雑極まりない情報がやりとりされている。その記録も再現も至難の業なのだ。視覚のようにわかりよい科学言語で一般化できないから、より「本能的・直感的なもの」だと思ってしまうのも無理はない。

こういう言い方をしたり聞いたりしたことがある人も多いだろう。においを嗅げばその食品が傷《いた》んでいるかどうかわかるよ。だって、嗅覚は、人類に普遍的な毒性やリスクを本能的に嗅ぎあてられるようになっているから。こうした本能的・直感的なものと嗅覚を結びつける、素朴な信奉も根強い。

他方で、個人的な経験と記憶に根深くつながっているがゆえに、きわめて個人差も大きい。そして言うまでもなく、文化的なフレームを反映する社会的構築物でもある。納豆のにおい、山羊汁、くさや、ウォッシュチーズ、それぞれある集団において慕わしいにおいであっても、集団外の人にはとんでもない悪臭だ。およそ口に入れることができない腐臭とさえ感じる人もいるだろう。実のところ、たとえその集団に属していても、そのにおいとの近しさには個人差もかなりある。

さらに、嗅覚は社会的差異の境界線も引いてきた。歴史家のアラン・コルバンは、フランスにおいて気体化学が飛躍的に発展した一八世紀半ばから、腐敗研究から微生物・細菌学へと歩を進めたルイ・パストゥールが科学界を塗り替える諸発見をするまでの間に、嗅覚をめぐる知的革命が起きたことを指摘している。彼によれば、この時期、病因とみなされていた瘴気《しょうき》への恐怖から、瘴気の所在を示す悪臭の追放が社会の目標となった。そして、そのための身体・環境管理を行う公衆衛生学が成立した。糞尿や汗のにおいを悪臭と嫌悪し、花や香水に快を感じるように、人びとの知覚と感性は再編され、公衆衛生学の科学的言説を生活規範として内面化していった。

除臭化されたブルジョワジーの身体とその私的・階級的空間では、香りに関する欲望と快楽が新たに形成されていく。視覚においては絵画、聴覚においては音楽が感覚に特化した芸術となってきたように、嗅覚においては香水や味覚と直結するにおいが洗練され、その快の高度化と芸術性が求められてきた。他方で、悪臭のイメージと不衛生・無教養といった評価が、逸脱しているとかその社会に属さないとみなされた人びとと、下位の階級にあるものたちに付与され、悪臭をまとう身体をもつ不潔な存在へ構築し直されていった（コルバン　一九九〇）。日本においても、近代化に伴う公衆衛生学と社会生物学の輸入・摂取が行われた。腐敗と発酵の過程は、その過程を社会的に統制したり担ったりしてきた人びとも含め、社会の暗部や改善すべき対象とみなされてきた。その過程も携わる人びとも、モノも、法と警察の力で取り締まる対象とされ、なおかつ不可視化されていった（藤原　二〇一九）。臭い飯、銅臭など、社会からの逸脱や、他者を差異化し揶揄する言葉で用いられるのも特徴的だ。

腐敗とは何か。ながらく、においを頼りにわたしたちはその意味を模索し、あるいは付与し、境界を引いてきた。死を契機に集まり始めるコロニーの性質を手探りし、危険はないか、集落のそばにおいてもよいのか、有用な何かに変えることができるのか見いだしてきた。近代を経て、その探索は、「無臭の生活環境」を良いものかつ目指すべきものとして、その要因となるものを、あるいは悪臭を発するとみなしたものを囲い込み、疎外してきたのである。

腐敗臭なき生態系の世界と猫の肉球スメル

わたしたちは現在、ほんのわずかな体臭も洗い流し、無臭であることを目指し、あるいは別の快い香りで上書きすることに慣れきっている（専門用語ではマスキングと言うらしい）。同時に行われているのは、においの間引きだ。不快なにおいを感じる成分が、良いにおいの引き立て役となることは、香水開発でよく知られた話だが、その手前で、わたしたちのにおいの経験は、不快なにおいの経験からできるだけ切り離されようとしてきた。もちろん、においの快不快にも大きな個人差や文化的フレームがあるから、実際のところ、隣の人が快を感じるにおいが、自分にとっては不快であることも多い。臭いもの身知らずとはよく言ったものだ。無臭が好まれるのは、個人差や文化フレームが問題になりにくい、誰にとってもニュートラルなにおいだからだ。無臭か、自分にとって好ましいにおいがするか、どちらかに環境は整えられ、不快な、嫌なにおいは周囲から除去される。

　こうしたにおいの間引きは、ＶＲ開発が進む現在、よりリアリティを追求してリアリティ感を創造する技術開発の中で、新しい局面に到達しているようにも思える。ゲームで飲み食いするあの食べ物を体験できたら。銃を撃ったときの、あの硝煙のにおいを感じることができれば。画面越しにアイドルのシャンプーのにおいを嗅ぎ取れたら。リアリティを盛るこうした開発はゲーム業界で率先して行われてきた。昨年七月には、香りとＶＲを組み合わせた Éden というインスタレーションが、フランスのアートフェスティバル、Annecy paysages で公開された。それはユーザーが神のごとく生態系の創造者となり、生み出したものと「においを介したリアリティをもって」ふれる作品だったと言う。

　わたしはその作品のことを人づてに知ったとき、あの、鶏を解体した後に感じた、丸く回った世界を、自分も含めた生きるものたちの呼吸があった瞬間を思い出した。あのときのわたしはコンポストの上で、鶏の脂と屍臭にまみれ、ウッドチップと糞のにおいに腐臭と発酵臭が混じる山の上で、海からの風に吹かれていた。近くにある農場の馬場からは、馬糞のにおいも時折やってきていた。においの奔流にわたしは身を埋め、確かに丸い世界を知覚していた。臭いものも暗いものも全部抱え込んだ、丸い世界を。

　生きものが集ったコロニーのあの圧倒的なにおいの奔流を、あの解体と腐敗、発酵と分解の過程を、ＶＲは再現するだろうか。おそらくしないだろう。求められているのは庭園的な自然のリアリティ、あるいは隔絶した原生自然の風景画的リアリティだ。嗅覚を埋めるのは、植物が二次代謝経路で生み出した良いにおい（つまり花や葉のさわやかなにおい）、不快ではない程度の土のにおいだろう。

不快なものは拡張されないだろうから、ゾンビドラマも映画も、ゲームでもきっと、ゾンビはにおわない。硝煙のにおいはするかもしれない。ゾンビ臭ただようバイオハザードシリーズなんて、ファンのわたしからみても、娯楽ではなく、もはやトラウマを量産するだけの代物だ。

他方で、快とされたものはどこまでも拡張されうる。VRのことを話してくれた人は、猫の肉球スメルが永遠に嗅げるソフトの開発を望みたい、と鼻息も荒く語っていた。彼女がほしいのは、どこまでもリアリティのある動物を飼うソフトだという。なるほど、とわたしは傍らでまさに肉球をわたしに見せたまま寝転がっている我が家の猫を見ながら言った。

「なるほど、確かに、トラの肉球のにおいとか嗅いでみたいね。糞の世話は大変そうだけど、麝香《じゃこう》のにおいも混じって結構癖になるって、飼育員さんに聞いたことある」

するとその人は、zoom の画面の向こうで困ったように笑った。

「いやあ、糞とかはないんじゃないですかね。そんなリアリティは求められていませんよ。誰が得するんですか」

猫の肉球とトラの糞の間には、なにやら高くて大きな壁がありそうだった。

かくも複雑な嗅覚を抱えて、間引きと拡張は進む。その先にどんな感覚を備えた身体が待ち受けているのか？　わからない。

それでも、わたしたちは日々問いかけ続ける。

目の前のコロニーが、わたしの身体が発するのは、腐臭なのか、腐臭でないのか、と。

参考文献

藤原辰史（二〇一九）『分解の哲学――腐敗と発酵をめぐる思想』青土社

ゲレ、アニック・ル著、今泉敦子訳（二〇〇〇）『匂いの魔力――香りと臭いの文化誌』工作舎

コルバン、アラン著、山田登世子・鹿島茂訳（一九九〇）『新版　においの歴史――嗅覚と社会的想像力』藤原書店

コンディヤック、エティエンヌ・ボノ・ド著、加藤周一・三宅徳嘉共訳（一九四八）『感覚論　上』創元社

東原和成（二〇〇七）『香りを感知する嗅覚のメカニズム』八十一出版

Horio, Nao. et al.（2019）. “Contribution of individual olfactory receptors to odor-induced attractive or aversive behavior in mice”. *Nature Communications* 10:209.

新村芳人（二〇一八）『嗅覚はどう進化してきたか――生き物たちの匂い世界』岩波科学ライブラリー

濁る——清濁併せ呑む

奥田太郎

「汚穢」というものを言葉にするよう求められたとき、私が経路として手掛かりにする事柄はいくつか考えられるが、今回は、自分が関心をもって考察を続けている一つのトピックに絡めて、通常は「汚穢」として認識されなさそうだが「汚穢」という言葉でしか語り得ないように思われる事柄について記してみよう。

たとえば、ネット上での言い争いを目にしたとき、互いに譲らぬ人たちの言説の中に、「潔癖」を感じることがよくある。そうした人たちは、途中で見解を違えるというよりも、言葉を交わし合うその初手から、相手のことを自分に対して隔たりある者だとみなしているように見える。あたかも、互いに相手を「汚穢」とみなし、自身への侵入を必死に拒んでいるかのようだ。そしてまた、そうしたやりとりのありよう（言葉遣い、相手を排撃する応答のステップ、自陣とみなすものへのフォローの作法）は、話者の立場や性質を問わず、見事なまでに定型化されているように思える。参加している顔ぶれもトピックも時期も違っているのに、そこにはどこか既視感がある。

その意味で、互いに相手を「汚穢」とみなすそうしたやり込めの手口は、かえって奇妙なまでに「清潔」で、淀みや濁り、汚れや穢れの気配（別の言い方をするなら、「ためらい」）がない。その様子は、汚染防止の完全防御服の着脱の順序と留意点が完全にマニュアル化され、それを厳格に遵守することで「汚穢」を自身から完全に締め出し除去する、という作法に重なって見える。そこでは、「汚穢」を遮断するにとどまらず、その遮断のプロセスそのものが「汚穢」とは無縁の「清潔」を湛えている。その徹底ぶりに「潔癖」を感じるのかもしれない。

正義と潔癖の間には実は深い溝がある

さて、私たちは通常、どちらかと言えば、正義を殊更に掲げる者の方に「潔癖」を見出しがちである。正義のヒーローは悪党に向かって、「許さぬ」と喝破する。汚く穢れた悪党を祓い清めるのが正義の鉄槌、というアングルで描かれた物語はジャンルを問わず枚挙に暇がない。いわゆる勧善懲悪ものに溜飲を下げつつも、そこに「潔癖」の匂いを嗅ぎつける者は少なくないだろう。それとは反転した構図で、正義のヒーローとされていた者が実は悪に手を染めており、その「偽善」を暴き出す類の物語もあるが、これもまた、正義を掲げる者には一点の「汚穢」も許さないという「潔癖」に牽引されている。事程左様に、私たちが日常的に接する正義の語りにはこの種の「潔癖」がべったりと付き纏っているため、それとは異なる視座から正義を論ずる可能性は、どうにも私たちの視界に入りにくいらしい。たとえば、ある場所にいるある人が、自分の暮らす集団や社会のなかでそれなりに尊重されながら、自分を取り巻く様々な人たちと何とか折り合いをつけて生きている様子を淡々と描き出す物語もまた、実は正義の物語たりうるのだが、なかなかそうはみなされない。

正義論、つまり正義を論ずるとは元来、まったく異なるバックグラウンドとスタンドポイントをもつ者たちが、共在するための共通のプラットフォームを見つけようと様々な仕方で渡りを付ける試みそのものに他ならない。それは、もともとデコボコなものどもをなるべくデコボコなままで共に在らしめんとするための当座の共通の物差しを探し当てる作業なので、その行程は入り組み、ザラつき、一筋縄ではいかない。前に進んだり後ろに下がったりしながら、落とし所を見極めていく粘り強さが、正義論には求められる。正義を論ずるという面倒事を前に、さっさと片付けてしまいたい堪え性のない人も、早々に諦めてしまいたい無思考に傾きがちな人も、どちらも我が身を「清潔」にしておきたいという気持ちを強くもっているという点では同じである。換言すれば、彼らは思い通りにならぬ「汚穢」から距離を取ろうと躍起になっている。こうした人たちは、実は正義を論ずることからは程遠いところにいる。正義を論ずるとは、「汚穢」から自身を遠ざけることではなく、拭い去り難き「汚穢」とじっくり付き合っていくことだからだ。言うなれば、アンパンマンがアンパンチを繰り出すところにではなく、アンパンチを食らわされてもなお、ばいきんまんがあの共同体から消滅させられていないところにこそ、正義を論ずる足場がある。

組織の中の汚穢としての内部告発者

こうしたことを考えるうえで最も適しているトピックとして、内部告発を考えてみるとよいだろう。内部告発とは、ある組織の中に人知れず生じていた不正があることをその組織の外に向かって開示する行為のことである。不正が黙認されることを拒み、時に社会への甚大な被害を未然に防ぐことにもつながる内部告発は、細かいことを気にせずストレートに考えれば、組織の中の不正という「汚穢」を取り除いて当該組織を「清潔」なものとする「正義」の行為だと考えられるだろう。しかし、実際に内部告発が行われると、多くの場合、その組織の中で内部告発を行った人物こそがむしろ「汚穢」とみなされてしまう。時に病理化し、時に職務怠慢と称して、組織の「清潔」を保つよう細心の注意が払われながら、「汚穢」（＝内部告発者）が組織の中からできるだけ「きれいに」消えてなくなるよう丁寧に、丁寧に働きかける。その働きかけは、組織の「清潔」が保たれるように、徹頭徹尾「清潔」でなければならない。そうした組織の力学がそこで露わになる。他方、この力学の中で、内部告発者は、己に降りかかる「汚穢」の眼差しを振り払うかの如く、時に自ら組織を去り、時に自ら命を絶ち、時に孤高の闘いを続ける。内部告発が行われると、そこで本来直視されるべき不正という「汚穢」を上書きするように組織内に内部告発者という「汚穢」が認知され、そこに対して「潔癖」に駆動された様々な対応が生ずる、と言ってよいかもしれない。

そもそも内部告発者が「汚穢」とみなされるのは、内部告発によって開示されるのが、組織の中で人知れず生じていた不正だからだ。不正というのは誰しも抱えたくないものであり、自分からはなるべく遠ざけたいものであるはずなのに、人知れず生じて継続的に黙認されることが少なくとも可能になっているからこそ、内部告発が行われる。ということは、そこにある不正は「汚穢」であっても、その「汚穢」が組織の中に存在し続けていること自体は組織の「清潔」を破綻させていないということである。その状態が一定期間保たれると、皮肉にも、その「汚穢」を取り除くことの方が、組織の「清潔」を破綻させる要因になるというわけだ。そして、それを実行した者も組織にとっての「汚穢」となる。こうした事態は通常、「組織に対する裏切り」や「組織への忠誠心の欠如」として捉えられるが、そこには、同調圧や集団主義といったことでは語り尽くせない何かがあるように思われる。つまり、公益通報者保護法などで内部告発者をどれほど法的に保護しようとも、内部告発者の苦悩（そして、時に、それ以外の組織の成員の苦悩）がなくならないのは、そこに同調圧や集団主義とは区別されうる端的な「汚穢」と「潔癖」の契機が介在しているからではないか、ということである。

自分から遠ざけたい「汚穢」に目を向ける

さらに一歩進んで考えてみよう。多くの場合、内部告発を受けた組織が保たんとする「清潔」は、その組織が根を張る社会では不正と認定されるものであり、その社会の中では「汚穢」とみなされるので、組織の中でも（少なくとも表向きは）「汚穢」とみなされることになり、最終的に保持されることはない。そうすることで、社会の「清潔」が保持される。これは、組織の中で人知れず生じた不正が、社会の不正と一致している場合であり、その場合、内部告発者は、社会から「汚穢」を取り除き社会の「清潔」を保つことに貢献した者として表向きは讃えられる。表向きは、というのは、そうした内部告発者の位置づけは、内部告発をすることで一度組織の中の「汚穢」となった後にしかなされ得ないため、組織にとって内部告発者が「汚穢」であったという事実は組織の中に残り続けるからである。どれほど明白な不正を対象としていても、内部告発という行為を介した以上は、それを為した者は「汚穢」から逃れることはできない。

では、組織の中で人知れず生じたものが、社会における現行主流の規範に照らして不正とは言えないが、それに接した者にとっては紛れもなく不正だと思われる、という場合はどうだろうか。この場合、内部告発に踏み切った者は、「汚穢」ならざるものを「汚穢」と言い立て組織と社会の「清潔」を穢すものとして「潔癖」的駆除の対象になるだろう。実際、誰かの名誉を失墜させるべく怪文書がばら撒かれるような事態は、その一例である。そうした行為に及んだ者は、虚妄を述べ立てる異常者として「汚穢」の扱いを受けるにちがいない。しかし、この者が告発した事柄は、現行主流の規範とは異なる規範に照らせば不正であり、そうした規範がやがて主流となる、という場合はどうだろうか。たとえば、様々なマイノリティの権利侵害は、昨今徐々にそれを不正とみなす規範が共有され始めてきたが、一昔前までは長らく不正とはみなされてこなかった。ただし、こうした物言いは後知恵によるものであることに注意しなければならない。一昔前にマイノリティの権利侵害を訴えた者は、その時点で、上記の如く異常者として「汚穢」の扱いを受けてきただろうし、社会の「潔癖」的駆除の対象になってきたであろう。そして、そのまま当時主流の規範が現在に至るまで延々と保持されることもあり得ただろう。まったく同じ構造のなかで、現在「汚穢」ならざるものを「汚穢」と言い立てたことで「汚穢」として「潔癖」的駆除の対象となっている者は、今ここにも、少なからず存在しているだろう。そうだとすれば、正義を論ずるうえで私たちが目を向けるべきは、現行主流の規範のなかでの「清潔」ではなく、できることなら自分から遠ざけたい「汚穢」の方ではないのか。

このように考えてみると、「清濁併せ呑む」という言葉の含蓄は存外に深い。この言葉が示す態度は、安直に引き受ければ、それが意味するところとは裏腹に、それ自体が自身の「清潔」を保つための口実にすぎないものともなる。正味の意味で「清濁併せ呑む」ことは、そう容易《たやす》いことではない。おそらくは、ここまで考えてきたような「汚穢」に目を向ける理路を踏まえて正義を論ずること、すなわち、まったく異なるバックグラウンドとスタンドポイントをもつ者たちが、共在するための共通のプラットフォームを見つけようと様々な仕方で渡りを付ける試みに着手することで初めて、正味の意味で「清濁併せ呑む」実践が可能となる。

清濁併せ呑む。それは、「汚穢」を介して、正義を論ずることと繋がっている。

メスの匂い

市原佐都子

高校生一年生の夏、友達が靴下を売ったことで一掃された。

入学したばかりのとき、自分の性器の匂いが強いと感じる時期があった。それはクラスメイトにも伝わっていたようで、「佐都子、メスの匂いがする」と言われた。悪口のように言われたのではなく、友達に、とてもあっけらかんと、言われた。他人の家に行くと、玄関に上がった瞬間その家独特の匂いが感じられるときがあるが、その家主にはその匂いは感じられない。自分の匂いは自分で感じにくい。それなのに、私はあの時期、自分の性器の匂いを感じた。自分でも感じられるくらいそれは特別な匂いだった。他人の家の匂いであれば長居しているとその匂いに慣れて、初めは感じていた匂いも徐々に、家主のように感じられなくなってくる。でもこの匂いはそういうものでもなくて、常に感じられ、自分でもこの匂いに慣れるということがなかった。私もあっけらかんとしていて、「あ、やっぱりそうなんや」と言った。私の通っていた高校は元女子高だった。だからか、クラスの過半数が女子で、男子は少なかった。制服がかわいいので制服目当てに女子が集まっていた。すべての中心にいるのはいつも女子だった。そのなかでも私はクラスのなかで、一番目立つ女子六人くらいのグループの中にいた。男子は半透明のようで、いるけど、おとなしくて、あの頃の私達にとってダサくて、目に入らないという感じだった。とにかく女子がマジョリティ、女子上位の世界だった。そういう世界だからなのか女子は暑いと、大股開いて座り、下敷きでスカートの中を扇《あお》ぐような感じで、メスの匂いについてもあっけらかんとした態度だったのかもしれない。あの時期、私だけがその匂いをさせていたのではない。下敷きで扇いで散布される空気には何匹ものメスの匂いが含まれていた。私達の身体は交尾を要請していた。人生のなかで一番発情しているのは中学や高校時代ではないか。同じ高校の男子は半透明の存在なので、だいたい私や私の周りは他校の男子と付き合っていた。本来なら、性的対象のオスにこそメスの匂いを振りまくべきかもしれないのに、私達は彼氏の前ではスカートの中を下敷きで扇ぐようなことはしなかった。ラブホテルのポイント、というか泊まるともらえる券を、みんなで貯めていた。貯めた先にどんな特典があったのか思い出せないけど、延長一時間無料とか食べ物がもらえるとかだったように思う。「そっちのがすぐ貯まるやん」と誰かが言ってそうしていた。その当時はその券を共有することは友情の印のようなものだった。風紀は乱れていたと言えるかもしれないけれど、何でも共有して、秘密はなく、おおらかな空気があった。私達はお金がなかった。しかし、メスの匂いは持っていた。

友達がネット上の掲示板でネズミに出会った。ネズミと呼ばれるその男は、校章入りの紺色の靴下を一〇〇〇円で買うらしい。校内の売店では五〇〇円で売られているから、一足で五〇〇円の儲けになる。洗濯していない使用済み靴下でなければいけない。取引は商業施設の階段で行われる。友達によると第一回目の取引の際、友達が靴下をビニール袋に入れて待っていたら、おどおどした小さな顎のない骨格の男が来た。友達はそれでネズミと呼ぶようになった。ネズミが期待をしていたより靴下は綺麗だったらしく、「新品やろ?」とぼそぼそ言ったらしい。友達はネズミを見る前はどんな男が来るのか少し怯えていたけれど、ネズミを見てから自分よりも下の汚い生き物だと確信して「は？　ちげーし」と強めに言ったら、一〇〇〇円が出て来たらしい。そして、もっと汚ければ、一〇〇〇円より多く払うとネズミは言った。発起人の子はそのネズミとメールアドレスを交換した。まだガラケーで、赤外線通信をやっていた頃。私もその商売をやってもいいなと思っていたけれど、やらなかったのは、ネズミと直接やり取りをしている発起人の子とは家が遠くて、取引場の商業施設は私の家と高校を挟んで真逆にあり、行くのが少し億劫だった。靴下だけを渡して売って来てもらうのは友情にヒビが入りそうだ。グループ内の私以外の友達は商売を始めた。始めのうちは上履きを履かずに靴下で廊下や外を歩いたり、とにかく靴下を汚すことに重きが置かれていたが、ネズミが求めているのは、土や埃の汚れではなく、足の匂いだった。そのことをネズミに告げられてから、友達は何日か連続して同じ靴下を履いたりするようになる。ネズミでも大事なカスタマーなのでその要望に応えなければお金は得られない。体育も汗をかくように以前より頑張る。同じ靴下を履くことは不快だけど金のためだった。努力の甲斐あって三〇〇〇円で売れたと言っていた。私達は汚れた靴下ごときで、弱いネズミから金を巻き上げて良い気分だった。靴下を履いただけで。楽して賢く稼いでいると思った。靴下で儲けた金で、友達は売店でパンを今までより多く買うようになっていた。売店で買った靴下を売り、その利益でパンを買う。友達は売店にかなり貢献していた。ベーコンエピとソーセージパンで悩んでも両方買える。あの頃は食べても食べてもお腹が空いた。昔、人間の排泄物は作物を育てる貴重な肥料であったらしい。排泄物を売ってお金を得られたそうだ。自分の尻からお宝が出て野菜が育つ。（寄生虫が問題となり、いまでは化学肥料に切り替えられたらしい。）規模は小さいけれど、彼女達もそんな感じで、自分のお宝を売っただけ。だけど、その商売は長く続かなかった。学校にバレて、ある日突然、全員退学になって、消えた。なんでバレたかというと、下駄箱に落ちていた汚い上靴をゴミかと勘違いした友達の一人はそれをネズミに売った。ネズミはそれをとても気に入って高値で買った。それはゴミではなく、ギャルっぽい先輩の上靴だった。私達の商売をはたから見ていた誰かがその先輩に密告し、ぶち切れた先輩が先生にそれを訴えた。ネズミは捕まらず、ちょろちょろとどこかに消えてしまったらしい。こんなことで一回で即退学になると思っていなかった。タバコを吸っても、万引きをしても、一回目は謹慎処分で済まされるのに。タバコは体に害があるから、万引きは人に迷惑をかけるから。靴下を売るのは？　一人ぼっちになって無口になった私はずっと考えていた。一番捕まえるべきはネズミのはずだ。ネズミは無傷で今もどこかでメスの匂いを買っているかもしれない。私達は学校の恥なのだろう。スカートの長い黒髪の処女がレイプされれば守ってもらえるが、私達のような淫乱が靴下を売っても誰にも守ってもらえない。私達の責任になる。お金がなくて、自分の唯一持っているメスの匂いを売った。身体ばかり発育し、精神は未熟な私達に誰もそれを売ってはいけないと教えてくれなかった。私には隣の駅の夜間高校に通っている彼氏がいた。彼はアダルトビデオショップの店員をしていた。たまたま見つけた高時給のバイトがそれだった。学校帰り、面白半分で彼氏の働いている店を見に行くと、ビデオに紛れて使用済みナプキンが売られていた。ジップロックの中に血の付いたナプキンが入っていた。ジップロックには金髪の女のプリクラが貼られていた。一〇〇〇円のシールが貼られていた。ここにもメスの匂いが。女子がマジョリティの学校内で見失っていたけれど、学校の外では私達は弱かったのだ。ネズミより私達はずっと弱い。

Ⅲ じわりぞわり

汚穢から生まれくる

笑う――グロテスクな肉体の躍動

酒井朋子

絡み合いと融合――古代ローマのグロテスク文様

漫画家・諸星大二郎の作品に『生物都市』がある。一九七四年の作品である。舞台は日本のどこかの街だ。宇宙のあちこちとの行き来が日常的におこなわれているようで、「宇宙空港」なるものが登場するから近未来ということになる。ある日、木星の衛星イオから調査船が戻ってくるが、ようすがどうもおかしい。ハッチを焼き切って開くと、内部では乗組員の顔や手が埋め込まれたように機械と一体化していた。その様子を撮影しようとした記者の手はカメラと癒着してしまい、記者がもたれかかったドアもまた、形がくずれて人と一体化してしまう。人が金属や機械と融合するその症状は、接触を通じて、あるいは電話線や水道管や、あらゆるものを通じて感染を広げていく……。

人間が生物・非生物問わず、周囲のあらゆるものと融合し、個人の境界も失われて一個の巨大生物となっていくこのモチーフは、実は〈グロテスクなるもの〉として一五世紀以来、多くの想像力をとらえてきたイメージでもある。

ひょっとすると、これはグロテスクという言葉の一般的なイメージからズレるように感じられるかもしれない。多くの人が思い浮かべるのは、人体が破壊されたくさんの血が流れ、内臓があらわになっているような暴力的で痛々しいイメージかもしれない。「グロい映画」といえば、たいていはスプラッター・ムービー、あるいは残虐さや猟奇性を特徴とする作品のことだ。この日本語の「グロ」のイメージは、どうやら一九二〇〜一九三〇年代の流行語「エログロナンセンス」によって作られた側面もあるらしい。山室信一の『モダン語の世界へ——流行語で探る近現代』（岩波書店、二〇二一年）によれば、当時、雑誌や広告などの表現媒体の普及とともにいたるところで増殖していたエロティックな表現に新たな刺激を付け加えるものとして「グロ」は人気になったという。たとえばそれは江戸川乱歩の怪奇小説で描き出されるような、人体をことさらに傷つけ破壊し、その様子を多くの人に見せつける性的な興奮などをさしていた。乱歩の『妖虫』『孤島の鬼』などの作品はとくにこれにあたるだろう。暴力性や異常性を強調し、それを性の領域と結びつけるような表現のカテゴリーとして、「グロ」は定着していったといえる。

ただ、西洋の文化史のなかでの「グロテスク」のあらわれかたに目を向けてみると、日本語

図1　諸星大二郎『生物都市』（『自選短編集　彼方より』収録、集英社文庫、2004年）27頁。

の「グロ」の用法はやや特殊なようだ。そもそもグロテスクとは、よく知られているように、一五世紀末にイタリアで発掘された古代ローマの地下遺跡で見られた装飾文様に起源をもつ言葉である。植物と人間と鉱物と動物がからまりあい融合しあう独特のスタイルをもつこの文様は、洞窟や地下室を意味するイタリア語 grotto にちなんでグロテスク文様と呼ばれるようになり、以後、ルネッサンス以降の装飾美術の伝統のひとつとなった。

これらの文様群が根ざす美学が、古代から中世にかけての民衆社会のなかで連綿と息づいてきたものだった、と主張したのがソ連の有名な文芸評論家ミハイル・バフチン*である。本エッセイで見ていきたいのは、このバフチンによるグロテスク論だ。彼が論じるグロテスク美学においては、肉体性、とくに消化や排泄や性など人の生から切り離せないけれども通常は〈醜い〉もの、〈きたない〉ものとして隠されているような肉体の領域が、世界観の中心をなしている。人の生の肉体的な側面を全面肯定するその美学は、禁欲主義と精神の崇高さを説くキリスト教会の教えの対極に位置し、公的な場所や機会では抑圧された。けれども独自の価値を花ひらかせる民衆の祝祭（カーニバル）文化のなかでは生きつづけてきたという。そして、中世のあいだ長く抑圧されてきた人間性を解放するルネッサンスという時代潮流のなかで、文芸の表舞台に姿をあらわす。その代表的作品が、フランソワ・ラブレーの『ガルガンチュアとパンタグリュエル』**（全五巻、宮下志朗訳、ちくま文庫、二〇〇五年）であるという。そしてバフチンがそこに見出す〈グロテスクなもの〉とは、徹底的に陽気で肯定的なものだったのである。

バフチンといえば対話論やポリフォニー論で広く知られ、それらは「コミュニケーション」や「異文化理解」を考える規範理論として参照もされる。しかしバフチンがグロテスク美学の開花するカーニバルの場にこそポリフォニー的状況の極地を見ていたことは、それほど言及されないようだ。バフチンのポリフォニー論は、異なる視点とリズムの声が、ひとつの筋と秩序に支配されずに〈場〉に流れる状態を生命力豊かに描き出す。それは実は、人の個別性や独立性を信じて疑わない近代主義的視点から逸脱するようなラディカリズム、あるいはアナーキズムの音律を、基底に響かせている。

生成変化の環境人類学を論じるティム・インゴルドと、身体と死の問題を探究する歴史人類学者エリザベス・ハラムは、バフチンの描く〈グロテスクなもの〉の視界に大きなヒントを得つつ、日常生活における生成と即興の可能性について書く★1。既存の何かからはっきりと断絶した、完全に新しい何かをこそ「イノベーション」として評価する議論があるなかで、バフチンのグロテスク論は、元あったものと物質的・存在論的につながったまま、まだ見ぬ何かに変容していこうとする生命や物事のありようをとらえていると彼らは見る。「汚穢」が無秩序なも

*——ミハイル・バフチン：一八九五年生まれの旧ソ連の文芸評論家で、ドストエフスキー論で広く知られる。
**——『ガルガンチュアとパンタグリュエル』：一六世紀フランスの作家フランソワ・ラブレーによる、伝説上の巨人たちを主人公とする滑稽物語。カトリック教会の因襲と宗教改革の狂信的熱狂をともに風刺し、禁書に指定された。

の、境界的なもの、分類体系をおびやかすものであるとするならば、自己と他者との境界がたえまなく侵されつづける様子を突き抜けた笑いとともに描く〈グロテスクなもの〉は、避けては通れない問題領域なのだ。

陽気な暁のグロテスク

実のところグロテスクなる概念は、一八世紀からすでに、たんなる装飾文様のカテゴリーを超えた美学的テーマとして、多くの作家や芸術家によって論じられてきた。その関心は、個人の自由な感性の解放や内面的感情を重視するロマン主義においてもっとも高まりを見せる。ゴシック小説や廃墟趣味の勃興なども関連した動きである。たとえばビクトル・ユゴーは『クロムウェル』（一八二七年）の序文のなかで、グロテスクなものを芸術にとって不可欠な概念とみなした。グロテスクとは奇怪で恐ろしく、非人間的なもののことであり、その対極としての「崇高なもの」をくっきりと際立たせる、とユゴーはいう。エドガー・アラン・ポーもグロテスクにこだわった作家の一人だ。ポーはグロテスクを、美しくあると同時に吐きけをもよおすような支離滅裂さととらえており、悪魔的で滅亡をもたらす何かと考えていた。有名な「アッシャー家の崩壊」（一八三九年）を最初に収録した短編集は『グロテスクとアラベスクの物語』と題されている。理性が世界のすみずみを照らしていくかに思える時代にあってなお、その光の影でうごめくものがあって、人間の生をとらえて離さない――ロマン派のグロテスクが描こうとするのはそうしたテーマである。

しかし、バフチンが論じるグロテスクをこれらと同一視すると、彼の主張を大きくとらえそこなう。『フランソワ・ラブレーの作品と中世・ルネッサンスの民衆文化』（川端香男里訳、せりか書房、一九七三年）における彼の主張のひとつは、中世・ルネッサンス民衆文化の非常に重要な特徴がロマン主義のなかでは根本的に失われたというものだ。二つのグロテスクの相違がもっとも明白にあらわれるのは「恐ろしきもの」との関係においてである。ロマン派のグロテスクにおいては、慣れ親しんだ身近なものが、突如として意味を失い、人間に敵対する感覚が描かれる。肉体は、精神性や理性によってどうしても支配することのできない、理解の及ばぬ衝動をもたらすものとしてたちあらわれる。しかし、民衆文化のなかのグロテスクでは、逆に肉体は世界を親しみぶかいものとして引き寄せるのだ。

さらにはロマン主義的な狂気が「個人の孤立の陰うつで悲劇的なニュアンスをもつ」のに対し、民衆的グロテスクの狂気は広場のような集合的でひらけた場所で展開され、公式の知性や真理の厳粛性に対する陽気なパロディとなる。近代以降のグロテスクがしだいに闇と夜に属するものになっていったのに対し、中世・ルネッサンスの民衆文化に見られたものとは、光を特徴とした、「春のそして朝の、暁のグロテスク」だというのである（四二頁）。

垂れ流す肉体の「下の領域」

グロテスク・リアリズムが「陽気」なのは、その肉体への関心の持ち方にある。ラブレー文学は、消化、排泄、生殖にかかわる肉体の「下層的領域」に焦点を当てていく。牝牛から熊から宴のテーブルからあらゆるものを貪《むさぼ》り尽くし、その尿で何百人をも溺れ死なせてしまう巨人パンタグリュエル、男根の巨大さを示すものとして何度も登場する大きな鼻、といった具合である。

また、その笑いは往々にして「上にあるものを下に移す」笑いだった。衣装を裏返しに着たりズボンを頭にかぶったりする女王や王が演じられるなど、カーニバルで特権階級がみっともなく表現され笑いの対象となる様子が、当時の文献には多く記録されているという。ラブレー文学には卑猥な言葉を話す司祭や教父も数多く登場する。ここで重要なのは、当時の公的な政治と宗教の支配のなかでは、「笑い」はおおむね禁じられたものだったということである。生まれながらの身分の貴賤がはっきりと定められ、厳粛な序列が重視される社会において、笑いのようなふまじめで卑俗なものは、高貴な者に向けてはならぬもの、まじめな場では発してはならないものとされていた。その禁忌はカーニバルのなかにおいてのみ、ゆるされていたのである。

けれどもカニバレスクな笑いを、ふだん威張っているものを見下して民衆が鬱憤を晴らしているだけのことととらえるべきではない。その下にはより深く、より広く、ひとつの世界観がたゆたっている。グロテスク・リアリズムが執拗にこだわるのは肉体の「穴」、および穴から出入りするモノや、穴の開閉とともに形を変えていく肉体の姿である。くしゃみとともに口と鼻から飛び出す飛沫、暴飲暴食、排便排尿。そして懐胎してふくらむ腹。ラブレーの作品では、男女を問わず人々がふくらんだ腹から実にさまざまなものをひり出す。多くは役にも立たない〈きたない〉だけの何かだが、時に躍動が、生命が放出される。

そこにおける肉体のイメージは、古代ギリシャ・ローマ、あるいは近代の古典主義の肉体観とは根本的に異なるものだ、とバフチンはいう。古典主義における肉体においては、その各部の完璧な比率（プロポーション）が強調された。モチーフとして描かれたのは、誕生からも、老いや死からもいちばん遠ざかっている年代の、完成された人間の肉体である。開閉部があることなど意識させないその滑らかな体表は、高貴な精神性を内部に閉じこめて、世界と個人とをわかつ。

現実的に考えたとき、このような肉体観には無理がある。完璧さを満たすことのできない、高邁な精神を体現しない醜くきたない肉体は、理性の外に置かれ、人間存在に必然的につきまとう不気味なものとして蠢《うごめ》きつづける。つまるところ、それがロマン主義的グロテスクなのだ。

しかし中世のグロテスク・リアリズムは、そのような煩悶《はんもん》とはまったく別の位相で展開されていた。そこにおいて、完成されていないこと、変容しつづけていることは積極的に受容されてしまう。血や便、唾を垂れ流し飛ばし、腹、鼻、唇を膨れあがらせた肉体が次から次へと登場し、他の動物を食うことと何かに食われることとがイメージ上で重ね合わされる。重要なのは「肉体から這出してくるもの、突出ているもの、ひょこひょこ顔を出すもの」であって（二八〇頁）、自身の境界を超えるようななにかを生み出しつつある肉体である。この想像力のなかでは、世界は征服の対象とはならず、自身をおびやかす他者として目の前に立ちもしない。そうではなく、個人は他者と、そして自分をとりまくさまざまな有機物無機物と融合し、自身は世界の側に溶け出し、また世界は自身のなかに染み込んでくるのである。

「完璧である」（秩序だっている）とは、言い換えればそれ以上変容しようがないということだ。つまり、内に秘められた未来への可能性をすでに持たないということである。それに対し、ぽっかりとひらいた穴から何かを垂れ流し、内部の何かをのぞかせている醜くきたない肉体は、異なるものをも呑み込んで融合し、或いは吐き出す途上にあるがゆえに、本質的な変容を絶え間なくつづけていく。ゆえに中世民衆文化のグロテスクを静的に把握するすべての試みは誤っている、とバフチンはいう。そこにあるのは、きわめて動的な、存在肯定の思想なのである。

しかし、このような発想は民衆文化のなかでもしだいに力を弱めていく。たとえば排泄とともに「肉体の下方の領域」をかたちづくり、普遍的な世界観と結びついていた性と生殖にまつわるものごとは、一七世紀の啓蒙の時代以降に理性や文明化がたっとばれるようになると、私的で秘匿すべきものとして個人の内部の闇のなかに閉じ込められていった。もはや下の笑いはあけっぴろげな笑いではなく、いつもは隠されていて時に小さく棘をのぞかせるような、風刺的でアイロニカルなものへとなっていく。

「きたない」ものと笑い

ところで、とここで問うてみたい。そもそもなぜ〈きたない〉ものは陽気なのか、なぜ笑いを呼び起こすのか?

本書の「はじめに」でも確認したように、〈きたない〉とは危険に対する恐怖とも結びついた感覚である。バフチンが笑いをさそう陽気なものとして論じた「肉体の下層領域」、つまり「下《しも》」の分泌物と排泄物とは、まさしく危険な「汚穢」として遠ざけられるものでもある。

汚穢論を論じたメアリ・ダグラスは、実は冗談についても論文を残している。[★2] スカトロジーは、明白な様式（パターン）の影にある隠れた様式に光を当てる冗談の性質を、典型的に示すものだとダグラスはいう。ある真剣な意味の流れや法則性が展開されているときに、それらとはまったく無関係に、肉体にかかわる現象が並行して動いていることにあえて光をあてる。下《しも》の笑いは、その極端な事例といえるものだ。

排泄や排泄物が笑うべきものとなるのは、〈きたない〉ものじたいがおかしいからではない。まじめで品のよいものが、その表向きのありかたとは関係なく、なお平凡な人間たちと同様に忌避すべきものを嫌でも吐き出してしまうという二重性が、おかしみを誘うのである。〈きたない〉ものが文脈なくただ単独で置かれていたとしたら、それは忌避感と不安の感覚を強く呼び起こすだけだ。

笑いとともにある複数的な視点は、ものごとを厳粛にとらえる強制と禁止の力を雲散霧消させる、あるいは保留する。けれどもその視点が成立するためには、ただ、きたないものばかりを褒めそやしていればよいのではない。きたないものの破壊的な力と面白さとは、真剣なものや秩序だったものとのつながりの矛盾に分け入ってこそ、はじめて浮かび上がってくる。

恐怖、諦念、陽気さ

バフチンのグロテスク論は、当初発見されたローマ遺跡の文様からはるかに離れた地点までいたっている。古代ローマの装飾文様と後期中世の民衆文化の宇宙観をつなげる彼の論は、史的証拠を欠いた、思い入れだけの飛躍だと批判することも、おそらくできるだろう。そもそも、中心権力から統御された厳粛さをひっくり返す民衆の「笑い」に可能性を見出すその著作は、ソビエト連邦のスターリニズムに対する批判意識に根をはっていた。ドフトエフスキー小説の対話性についての著作の発表後ほどなくして、バフチンは秘密警察に逮捕されている。この素描で論じてきたラブレー論は彼が博士論文として提出したものだったが、そのアナーキズム性を強く問題視されて、低位の博士学位しか与えられていない。

そうした政治性を背景にもつ彼の論は、「グロテスク」なものの恐怖と闇を、浅く見積もりすぎているようにも思われる。自他の境界を失い、汚穢とともに新しい生命を生み出して世界と一体化する肉体のありようは、究極的な生命の躍動を見せているのかもしれない。けれどもそれは、個人という枠が意味をなさなくなり、この「わたし」の自我が消失することと同義である。ラブレーの『ガルガンチュアとパンタグリュエル』が世に出たのが長く続く戦争や黒死病などの疫病に脅かされつづけた時代であったことを考えれば、世界との一体化のイメージによる死の恐怖の克服とは、自身や身近な人間の死がすぐそこにありつづけたが故の諦念と表裏一体なのかもしれない。

諸星大二郎『生物都市』の後半では、調査船が衛星イオで何に遭遇していたのかが語られる。じつはイオにはかつてすぐれた文明があったが、気候変動のために破滅の危機にひんし、滅亡をおそれたイオ人たちは無機物と一体化しひとつの生命体となることを通じて、延命をはかろうとしたのだった。その巨大生命体に接触してしまった調査隊が、この融合現象を地球に持ち帰ってしまったのである。自身も融合におかされはじめた科学者が、「科学はまけたのではない」、「夢のようだ…あたらしい世界がくる…理想世界が…」と呟くところで作品は終わる。

その「夢」「理想世界」の用いられ方はアイロニカルである。もしあけっぴろげな明るい理想として描かれていたとしたら、その快活さはぞっとする何かであったはずだ。

笑いは恐怖の対極にあるのではなく、恐怖を克服したからこそ笑いが可能になるわけでもない。おそらく徹底的な陽気さは、恐怖の極限において、恐怖の只中から発せられる。そのとき、不気味なものとしてのグロテスクと、肉体的原理の陽気で快活な肯定としてのグロテスクは、思いのほか近い位置にある。

★1—Elizabeth Hallam and Tim Ingold eds. (2008) *Creativity and Cultural Improvisation*. Routledge.
★2—Mary Douglas (1968) "The Social Control of Cognition: Some Factors in Joke Perception," *Man* 3(3), 361-376.

おぞましい――死体にまつわる不死性

斎藤　喬

生とは腐敗の産物であり、死と汚穢の双方に同時に依存している。

ジョルジュ・バタイユ★1

〝セミファイナル〟はなぜ怖い

読者の皆様は、夏の風物詩〝セミファイナル〟をご存じだろうか。ただし、ここで取り上げるのは、全国高等学校野球選手権大会の「準決勝」のことではもちろんない。

昨年の夏、私が自宅の玄関を出ようとしたとき、扉の前に仰向けになって動かない一匹の蟬がいた。放置しておく気にもなれず、かと言って直に手で摘まむ勇気もないため、箒《ほうき》で庭先へ掃き出すことにした。すると、かの蟬氏は掃き出された勢いに乗って元気よく飛んで行った。大きな羽音に驚いた私は、そこで思わず「ギャッ」とのけぞる。

後になってこの話を妻にしたところ、死んだように見えた蟬が断末魔に暴れる様子を、〝セミファイナル〟と言うのだと教えてくれた。それを聞いて私は、なるほど言い得て妙なものだと納得したのだった。

この用語の提唱者は漫画家の凸ノ高秀だというが、短編「蟬の恋」は、まさしくひと夏の淡い〝セミファイナル〟をテーマにした作品となっている。[★2] 言葉の意味は、「道端で死んでると思ったセミが突然暴れてビックリする例の現象」ということで、作品の最後には蟬の生死の見分け方まで図示されていて（図1）、この現象で怖い思いをした者に有益な情報を与えてくれるだろう。

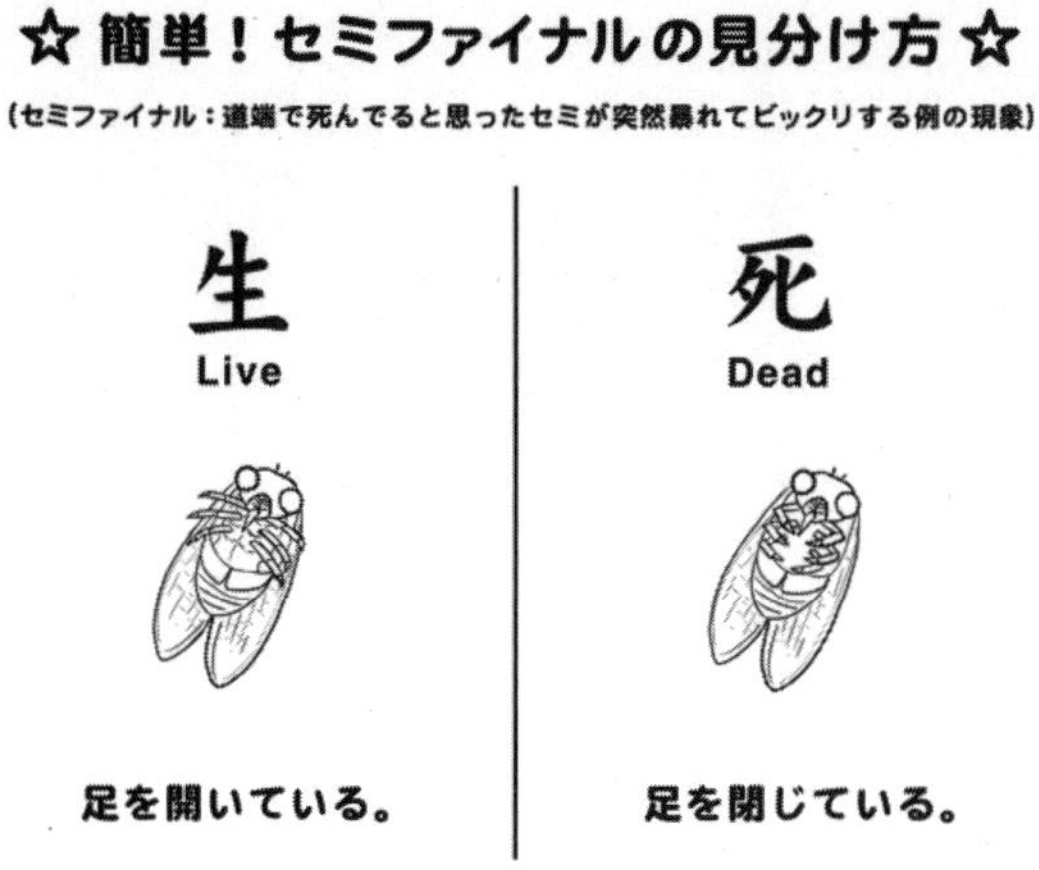
☆簡単！セミファイナルの見分け方☆
（セミファイナル：道端で死んでると思ったセミが突然暴れてビックリする例の現象）
生
Live
足を開いている。
死
Dead
足を閉じている。

図1　凸ノ高秀「セミファイナル」（https://omocoro.jp/kiji/2416/）

蟬の生死は、足の状態が開いているか閉じているかで判断できるそうである。植物学者の稲垣栄洋『生き物の死にざま』（草思社文庫、二〇二一年）によれば、死期が近づいた蟬は、硬直して体を支えることができないため、地面に仰向けになってしまうのだという。それにしても、死んだふりではなく起き上がる力さえ残っていない、という指摘はたいへん示唆的だ。

ところで、私にとって、〝セミファイナル〟はなぜこんなにも恐ろしいのだろう。用語としてそれなりに流布しているのだとすれば、この体験はわりに一般的な現象なのかもしれない。そこでは、あの大きな羽音が驚きの強度を高めているのは事実だとしても、恐怖の理由は、死んでいると誤認した蟬が実際には生きていたことに対する驚きの感情、だけではないように思われる。

この場面に遭遇したとき、私はパニック状態に陥った。おそらく、最初に発見したときに前もって「死体」だと思い込んでいるため、暴れ出した途端に、「まだ生きていた」ではなく、「死体が動いた」と直感して慌てふためいたのではないか。蟬氏の死体には触れたくないが、動く死体にはなおのこと近づきたくないのだ。だからといって、紛う方なき蟬の死は一瞬の目視だけで判断できない。

いずれにせよ、この場合、「いままさに死にかけている蟬」であろうが「ついさっき死んだばかりの蟬」であろうが、境界線上で死体らしきものに接触しつつあるときに惹き起こされる、無意識的だが強烈な忌避感によって、私は不安定な宙吊り状態になっているのだ。死穢《しえ》に触れる恐怖とはまさにこのことだが、死体であるとの確証が得られないことで、極度の疑心暗鬼を生じている。

この忌避感は、別の場合に、激越な仕方で表出することがある。「昆虫恐怖症（entomophobia）」

の典型例となるかどうかわからないが、たとえば、丸めた新聞紙でゴキブリを叩き潰そうとするとき、私は足先がピクリとも動かなくなるまで攻撃の手を緩めることができない。抑制が効かなくなると言ってよいのだが、やたらと暴力的になりながら、確実に引導を渡したくて堪らない。

死体のようなものを見ると、(死んでいるのだから) 動き出すはずはないが (生きているかもしれないから) 動き出すはずだ、というアンビヴァレントな感情の下で、戦慄し恐懼《きょうく》してしまうことがあるということだ。

ヴァルドマール氏の延命

どうも私は、対象物の死に確信が持てないことにきわめて根源的な不安を感じる性分らしい。しかも、この感覚は、実物の昆虫に対してだけではないようだ。そこで、いくつかの作品から、この問題についてさらに考えてみたいのだが、まずはエドガー・アラン・ポーの短篇「ヴァルドマール氏の死の真相」(初出一八四五年) を取り上げてみよう。

語り手の「わたし」は、臨終のヴァルドマール氏に催眠術《メスメリズム》の実験をする。その目的は「第一に、そうした状況下の人間に催眠術への感応性があるかどうか、そして第二に、感応性があるとしたら、病気という条件の下で、それは減少するのか増大するのか、さらに第三に、どの程度まで、あるいはどのくらいの期間まで、死の蚕食《さんしょく》を食いとめられるか」を検討することである。

結果として実験は成功し、ヴァルドマール氏は延命する。だが、問題はそこからだ。死ぬはずの刻限を過ぎて、ヴァルドマール氏は「わたし」の「まだ眠っているか」という質問に、「そうだ——いや、そうではない——わたしは眠っていた——いまは——いまは——死んでいる」と返事をする。

その後、同じ状態を七ヶ月間も維持したため、「わたし」と医師たちは、ついにヴァルドマール氏を催眠から覚醒させることを決める。最後に「わたし」が質問をすると、彼は「たのむ——はやく——はやく——ねむらせてくれ——でなかったら、すぐに——おこしてくれ——はやく——死んでいるといっているではないか」と返事をした。

この小説では、科学的な臨床報告の体裁で、覚醒の前段階となる彼の身体反応が詳細に記述される。「わたし」が按手《あんしゅ》を施すと、「眼球が下方に回転して、虹彩の一部がふたたび見えるように」なり、「瞳孔がそのように下りてくるにつれて、黄色味を帯びた膿漿が瞼の内側から大量に流れだし」、それには「刺激的で不快極まりない臭い」があったという。

そして、ついに覚醒する瞬間を、語り手は次のように描写する。

「死んでいる、死んでいる」という声のさなか、苦悶する者の唇にあいだからではなく、その舌から発せされる声のさなか、わたしは速急な按手を施していた。そして、わたしの手の下で、ヴァルドマール氏の体は、みるみるうちに――分針の一刻みほど、いや、それにも満たぬほどのあいだに――縮み、崩れ――腐っていった。気がつくと、ベッドの上には、われわれの眼前には、半ば液体と化した、厭わしい物が――腐敗した堆積が存するばかりであった。

（エドガー・アラン・ポー「ヴァルドマール氏の死の真相」『エドガー・アラン・ポー短篇集』西崎憲編訳、ちくま文庫、二〇〇七年、九六頁）

催眠状態によって生／死が一時停止してしまったヴァルドマール氏は、起きることも眠ることもできずに、「死んでいる」と繰り返していた。ここで、彼の言う「死んでいる」を表象する具体的な様相が、どろどろとした腐敗物に変容している点は、注目に値する。[3]

彼の場合、「死んでいる」にもかかわらず、「催眠術《メスメリズム》」が「眠れる覚醒者」として催眠状態を維持したことによって、本来ならば死体としてとっくに進行していたはずの腐敗までもが、一時停止してしまった。結末において、催眠から覚醒した途端にその過程が一挙に進行してしまう肉体の破局は、臭いや声への言及とともに、この短篇の見せ場を構成する。

ヴァルドマール氏は、「生きている死体」ではなくむしろ「死んでいる生体」として、私たちの死生観を攪乱するのだ。[4] ホラーに敏感な読者は、最終的な腐敗の描写に立ち会い、嫌悪ないし汚穢の感覚を抱くことで、作品のおぞましさに触れることになる。

肉体の腐敗に抗いながら舌を震わせて声を発する彼の苦患《くげん》を、誰も共有することはできない。先ほど述べたように、この短篇が医学的な用語法で文飾を施された記述であることに留意しておこう。世間に議論を巻き起こす事例として、ヴァルドマール氏の最期は、すでに人々に知れ渡っていて、科学的に「死ぬことの不可能性」が検証された臨床実験は、前代未聞のスキャンダルとなる。

かぐわしき腐臭の奇蹟

「死ぬことの不可能性」は、科学的な認識論ではスキャンダルだが、宗教的な信仰心においてはまさに奇蹟になるかもしれない。死と隣り合わせになった腐敗のおぞましさから立ち現われる聖性を、現代的な神秘小説に昇華した傑作として、次にJ・K・ユイスマンスの『腐爛の華――スヒーダムの聖女リドヴィナ』（初出一九〇一年）を見てみよう。

ユイスマンスによれば、一四世紀オランダの聖女リドヴィナは、当時の嘆かわしい教会大分裂の状況下で、人々の犯すあらゆる罪をその一身に背負い、数々の業病に冒されながら、ほとんど不食不眠で三八年間生きたという。少し長くなるが、次に引用するのは、まだ序盤に語られる彼女の病状の描写である。

潰瘍は依然としてなおらず、寄生虫も、退治するどころか、かえって増殖する結果になったが、それだけでなく、腐敗した肩に腫瘍が現われ、さらにつづいて、中世で非常に怖れられた病気がはじまった。それは丹毒で、右腕をおかし、肉を骨まで焼きつくした。身体神経がねじれ、一本をのぞいて全部はじけてしまった。その一本は腕をおさえつけ、身体から腕を離すことができないようにした。それ以来、リドヴィナはその側へ寝返りをうつことができず、頭をおこすにも左腕しか使えなくなったが、その頭もやがて腐ってきた。ひどい神経痛が頭を責めて、まるで曲柄錐《まがりえぎり》のように顳顬《こめかみ》をつらぬき、木槌のように頭蓋骨をがんがんたたいた。額は髪の生え際から鼻のまんなかまで裂けた。顎は下唇のしたではがれ、口が脹れあがった。右の眼が視力を失い、左の眼はひどく敏感になって、わずかな光にも耐えられずに血を吹いた。しかもさらに激しい歯の痛みがはじまって、時によると何週間もつづき、ほとんど彼女を狂乱におとしいれた。最後に、喉頭炎で呼吸もできなくなったあとで、口や耳や鼻から血を流し、その夥しい分量で、ベッドがぐしょぐしょになるくらいであった。

（J・K・ユイスマンス『腐爛の華――スヒーダムの聖女リドヴィナ』
田辺貞之助訳、国書刊行会、一九八四年、五四頁）

全身に致命的な損傷を受けながら生存を続けているリドヴィナは、世間の評判を呼び、当然ながら医師の関心を引くことになった。しかしながら、彼らの診断だと、彼女は治る見込みがないどころか生きている可能性すらないという。果てしない病苦に苛《さいな》まれる彼女に対して、告解僧のヤン・ポットは「自分の苦しみでキリストの受難の不足をおぎなうように心掛けねばなりません」と告げる。

『腐爛の華』では、耐え難い苦痛の中で贖罪の使命を貫き通す聖女リドヴィナの神秘体験が記述される。ユイスマンスによれば、彼女は世界の罪のために自分から身代わりになることを求め、神がそれに応じたため、苦しみはさらに増していったが、彼女はそこでよりいっそうの喜びを感じたという。

あらゆる病気の発症は神の御業《みわざ》であり、治癒も悪化も神意による。リドヴィナが周囲の人々の苦痛を自分の身に移すよう神に祈ると、病人は全快するが、彼女はさらに激しく、苦しみ悶える。ここでは、「神の恩寵」を表象する具体相の一つとして、腐敗臭の除去がある点に注目しておこう。

神は不断の奇蹟を演じ、あらゆる傷口を芳香の香炉となした。膏薬をはがすと蛆虫がうようよしていたが、そこから馥郁と香りが漂いだした。膿汁もよい匂いがし、吐瀉物も快い香りを放った。彼女はおむつを当てられていたが、神はそういう病人を非常に恥ずかしがらせる悲しい要求を憐れみ、彼女の身体から東洋の香料に似た上品な匂いをつねに発散させた。その匂いは同時に力強くまたやわらかな芳香であった。それはあたかも聖書で語られ、またまったくオランダ的な、肉性の香りに似たものであった。

（同五八–五九頁）

当時の医学の知見において、リドヴィナはすでにほとんど死体である。しかしながら、神が望むときまで、どんなに肉体が朽ち果てようが、彼女に死が訪れることはない。ユイスマンスは、先行する聖人伝を念頭に置いて、傷口から芳香を発した人々や、死後に芳香を発した人々がいるなかで、リドヴィナについてはその香気の特殊性を指摘している。

さらにリドヴィナは、死後に病前の潑溂とした一七歳の少女の姿に戻ったことで、周囲の人々を驚かせる。彼女の遺骸は、そこでさらに強力な香気を発して、匂いを嗅いだ人々に滋養強壮を与えた。このようにして、リドヴィナの物語は腐敗臭がもたらす嫌悪と汚穢の感覚を逆手に取って、読者に神の奇蹟による神秘の実在を体感させようとするだろう。

そこで「死ぬことの不可能性」は見事に聖化され、聖人伝として語り継がれる。リドヴィナ伝説の後日談として、スヒーダムを訪れたユイスマンスは、執筆当時においても多くの人々が病気治しを願い、彼女に祈りを捧げていると報告する。聖人崇拝によって生き続けるリドヴィナは、神の奇蹟によって「死んでいる生体」となったのち、死後にその死体は永遠の生を象徴することになる。

腐敗と白骨のあいだ

ところで、『人間と聖なるもの』において、カイヨワはフィジー諸島における興味深い事例を紹介している。そこでは、王が死ぬと支配下の部族が首都で蛮行に及ぶため、王の死は死体が朽ち果てるまで隠蔽されるというのだ。

この例からはっきりとわかるように、放埓が許されるのは、まさしく王の遺骸が朽ちていく時間である。それは、死に象徴される瘴気と穢れがきわ立つ期間であり、ひとしお活発で伝染性をもった死の毒が充満し、誰の目にもあきらかとなる時間である。社会は自らの生命力を示すことによって、これから身を守らねばならない。王の屍から腐敗すべき要素が完全に取り除かれ、亡骸が、もうそれ以上腐ることのない、堅くて丈夫な骸骨だけになったとき、やっと危険は終わりを告げる。そこで人びとは危険な時期は去ったと判断する。これで、物事をまた通常の流れに戻すことができる。新しい治世は、社会の「維持者」の肉体が崩れていく、この不確実で混乱した時間が終わった後に開始される。

（ロジェ・カイヨワ『人間と聖なるもの』塚原史ほか訳、せりか書房、一九九四年［改訳版］、一七六頁）

生命活動を停止したのち、生体が死体となり肉体の腐蝕が開始してから腐敗が完了するまでのモラトリアムは、日本の宗教文化としては、死者の霊魂への畏怖と、白骨化してから改葬する「殯《もがり》」の習俗を想起させる。[★5] この期間は、葬送儀礼の見地からすると、死穢に接触する可能性がきわめて高くなることから、霊魂を鎮め慰める重要な契機となるだろう。

この理路で行くと、腐敗せず白骨化もしない死体は、いつまでも生きていることになりはしないか。そうでなくとも、死体が自然法則に逆らって、腐敗することなく維持されるとすれば、そこに何らかの勢力を感得せずにはいられない。このように書くのは、私の念頭に日本の即身仏があるからなのだが、そこで最後に、実物にまみえた経験のある妙心上人の舎利仏《ミイラ》について語っておこうと思う。

両界山横蔵寺は、岐阜県揖斐《いび》郡揖斐川町谷汲神原《たにぐみかんばら》にある古刹で、多くの重要文化財を所有することから「美濃の正倉院」の異名を持つ天台宗の寺院である。延暦二〇年（西暦八〇一年）に伝教大師最澄が開山したとされており、紅葉の名所としてもよく知られている。

横蔵寺縁起のビラによれば、妙心上人は天明元年（一七八一年）に横蔵で生まれている。仏道修行のために全国を巡礼したのち信濃の善光寺で受戒し、それから「富士大行者」として富士講の先達となった（松本昭『増補日本のミイラ仏』臨川選書、二〇〇二年）。文化一二年（一八一五年）か一四年（一八一七年）に御正体山の洞窟で断食入定し即身仏となり、明治維新までそこで信仰を集めていた。その後、妙心上人の舎利仏《ミイラ》は山梨県庁で安置されていたが、地元の働きかけもあって、明治二三年（一八九〇年）からは出生地の横蔵寺に祀られているという。

妙心上人は、自然科学的研究を含む『日本ミイラの研究』の調査対象に入っていない（日本ミイラ研究グループ編『日本ミイラの研究』平凡社、一九九三年［新装版］）。だが、日本ミイラ研究グループに先立つ昭和二五年（一九五〇年）には、某国立大学医学部によって学術調査が行われ、保存方法についてはそのままでよいということになったという（土方正志『新編日本のミイラ仏をたずねて』天夢人、二〇一八年）。

そのことを踏まえてか、横蔵寺縁起には、「全く人工の手を施すこと無く、現在に至っている訳であり、上人の信仰の厚さを物語っているのであります。現在も自然のまま舎利堂に安置されております」と書かれている。なぜこれが重要かと言えば、日本ミイラ研究グループによって調査対象となったミイラ一〇体全てに、多かれ少なかれ人為的な加工が施されているからである。[★6]

揖斐川町谷汲が発行する、谷汲山華厳寺と両界山横蔵寺がセットになった観光案内のパンフレットには、妙心上人の舎利仏《ミイラ》は「学界でも謎とされている」との記載がある。つまり、これは信仰心に基づく奇瑞《きずい》と言うべき事態であって、断食入定したときのまま現存しているということだ。しかも、当寺に行けば、誰もがその姿を拝観することができる。

ここでは細部に立ち入らないが、日本の即身仏にはそれぞれ思想的背景があるため、一概に衆生救済を祈願するためだったとは決して言えない。[★7] ただ、仏教の聖人伝としては、腐敗しないことに意味がある場合もあるだろう。たとえば、新潟県長岡市寺泊野積にある海雲山西生寺の弘智法印は、三千日間に及ぶ木食行を経て貞治二年（一三六三年）に入定した、現存する日本最古の即身仏とされる。

弘智法印は、その際に「われ、終焉の後は必ず遺身を埋葬する事なかれ、このままにして弥《み》勒下生《ろくげしょう》の暁を待つ」と言ったというのだが、死体の不死性について見てきた私たちにとって、この内容は示唆に富む。なぜなら、弥勒下生は釈迦の死後五六億七千万年後と言われており、弘智法印はこの果てしない年月を、「遺身」のまま、腐敗することなく「待つ」つもりでいるからだ。

妙心上人が即身仏になる思想的背景は詳《つまび》らかでないが、富士講の行者として、信仰対象である富士山の鬼門を守るために、御正体山で断食入定したとも言われている。ただ、江戸時代に流行した富士講には、中興の祖といわれる食行身禄《じきぎょうみろく》とその弟子の伊藤参行をはじめ、富士山内で入定した者たちが多くいたため、彼らの例に倣った可能性もあるだろう。

自然の状態で未加工のまま腐敗を止めたという妙心上人は、現在、横蔵寺の舎利堂の真ん中に据えられたお厨子の中に、私の印象では、やや窮屈そうに収まっている。体が前のめりに傾いているので、御前に座ると、まるで身を乗り出してくるようで圧倒される。私が信仰心というよりは興味本位で訪れたことを、まるで問い詰めているようにも感じられる。

見る限り、眼の前の妙心上人は紛れもなく仏像であった。「坐化《ざけ》」という言葉は田中貢太郎の「雷峯塔物語」でしか聞いたことがなかったが、まさしく坐したまま仏に成ったのだと、そのときは疑いなく思えたものだ。いつまでも腐敗せず白骨化もしない妙心上人の舎利仏《ミイラ》は、永遠の生き仏と言うべきかもしれない。心から恐れ畏《かしこ》むことによって、死体の不死性のおぞましさは、救済の彼方に雲散霧消するのだろう。

★1―ジョルジュ・バタイユ『エロティシズムの歴史　呪われた部分――普遍経済論の試み：第二巻』湯浅博雄・中地義和訳、ちくま学芸文庫、二〇一一年、一一〇頁。

★2―凸ノ高秀「蟬の恋」、二〇一二年七月三〇日（https://omocoro.jp/kiji/2416/）。凸ノの二〇一二年七月一九日のツイートには、「道路に落ちていて一見死んでるように見えるセミが近づくと突然暴れだす現象」（https://twitter.com/totsuno/status/225756970479656960）とある。最終アクセス日はいずれも二〇二三年四月二六日。

★3―ロラン・バルトは、「わたしは死んでいる」という発話が不可能な言語活動であることから、確固とした意味体系を脅かすような、死に対する生の蚕食を問題にする。ロラン・バルト「エドガー・ポーの一短編のテクスト分析」『記号学の冒険』花輪光訳、みすず書房、一九八八年。

★4―「ここでは、「死」と「言語活動」のあいだに、大きく口を開けた矛盾対立がある。「生」の反対は「死」ではなく、「言語活動」なのである（「生」の反対が「死」というのは月並みな考えである）。ヴァルドマール氏が生きているのか死んでいるのかは、決定できない。たしかなのは、彼が話しているということであって、彼の言葉は「死」のものとすることも「生」のものとすることもできないのだ。」バルト、前掲書、二二一頁。

★5―小田は、折口信夫と五来重の先行研究を批判的に継承しながら、「殯」は「魂が身体を離れるという過渡期の儀礼で、遺体が完全に白骨化することを見守る儀礼」であるとした上で、「生死不明」ではなく、「生でも死でもないどっちつかずの状態」としており、小論の問題関心に多大な示唆を与えてくれる。小田亮「日本における死体の歴史人類学――二重葬と骨の象徴性についての構造分析の試み」『人文学報』第五一六-二号、二〇二〇年、二六頁。

★6―調査対象となったのは、弘智法印、舜義上人、全海上人、忠海上人、真如海上人、円海上人、鉄門海上人、鉄竜海上人、仏海上人、石頭上人で、湯殿山系のものが大半を占める。

★7―中村と鹿野は、詳細不明のまま先行研究において衆生救済を目的としたとされることの多い即身仏に関して、ここでは鉄門海の思想に限定して、そのような認識がまったく当てはまらないことを論証している。中村安宏・鹿野朱里「鉄門海の思想――『亀鏡志』の分析を中心に――」『アルテス　リベラレス』第一一〇号、二〇二二年。

もれる――膜が食い破られること

藤原辰史

食い破る

私たちは毎日何かを食い破っている。たとえば、セロリをかじってみる。セロリというセリ科の香味野菜を構成する微細な細胞ひとつひとつが細胞膜と細胞壁に囲まれていて、その中に、細胞核と細胞質が存在し、それをエナメル質に覆われた歯によって咀嚼し食い破る。すると、細胞壁に格納されていた液体が口の中に吹き出す。すぐにあの独特の香りが鼻腔に充満するだろう。

もちろん、人間の歯だけが人間の食べものを食い破るわけではない。内臓にしみ出てくる消化酵素の力も必要だし、別の生きものの力も借りる。たとえば、キュウリにたくさんの塩をふって揉み、しばらく漬けておこう。浸透圧の効果、つまり、キュウリが外の液体の濃度と同じ濃度になろうとして細胞膜の防圧機能が破壊され、その周りを覆う細胞壁も壊れ、細胞壁と細胞膜に格納されていたキュウリの液体が外に排出されるとともに、野菜の細胞の中に塩分が流入する。細胞内の液体にそもそも存在していた微生物がキュウリの残り滓《かす》を分解し、発酵が始まる。漬物もまた、歯や牙や爪を用いる動物の食事とは異なり平和的な調理にみえるけれども、基本的には食い破る行為だ。

膜から中身へ。パンプキンスープのように事前にカボチャをミキサーでドロドロにしておく過程も食い破る行為の応用編にすぎない。膜を食い破ることでしか、中身を食べられないが、その逆ではない。やや脱線するが、人工的に膜を作ってその中に具材を押し込むという料理が広域に存在することも興味深い。たとえば、漢字文化圏では餃子や小籠包や春巻き、ポーランドではピエロギ、ロシアではピロシキ、ドイツではマウルタッシェン、イタリアではラビオリなど、味も食べ方も違うとはいえ、具材を包む料理は各所に見られる。ソーセージも、豚の腸の皮を洗浄し、その中に、肉や血液を入れて燻製にする保存食だ。これらの料理の魅力は、比較的淡白な膜を食い破ったあと、口の中にほとばしる具材の旨みである。

膜と中身

餃子やピロシキやソーセージのように表皮や細胞壁などの膜に中身を覆われた生命体が、外界から襲った傷、または内部の病や老化に襲われたとしよう。すると、その生命体に棲んでいた微生物や周辺のその他の大小の生きものたちによって啄《ついば》まれ、食い破られて、膜からもれ出る内容物を吸い取られ、食べられる。その食べ残されたものや排泄物もまた、さらに微小でさらに多くの生きものたちによって取り込まれていく。

つまり、「食べる」とは、膜を食いちぎったり、火や塩分で膜に化学変化を起こしたりして、膜と一緒に（あるいは膜を捨てて）中身を食べること、突き詰めていえば、膜の破壊と中身の奪取である。もっともエレガントに中身の吸い取れる生きものの一つは蚊であろう。ほとんど痛みを感じない細い管によって、生きものの皮膚と血管を突き破り、そこから血という栄養豊富な内容物を吸い取る。

食べる過程は、だから腐敗と同時に進む。腐敗の中でにおいが発生する。においは合図だ。都市に住み、集住ゆえの感染症のリスクを避けたい文明化された人間は、においの発生源からできるだけ遠ざかろうとするが、ほかの生きものはむしろそのにおいに向けてたかる。たかるとは「集る」という漢字の旧字体（木の上に「隹」が三つある）が示しているように、木にたくさんの鳥が集まる、というのが語源である。においの発生源を目がけて、多くの生きものたちが蝟《い》集《しゅう》する。腐敗とは、膜が裂け、生きものが集まる、という経過をたどる。世界最大の花で寄生植物であるラフレシア・トゥアンムデは、巨大な花を咲かせると肉の腐ったようなにおいを放出する。それは、腐った肉の好きな生きものを呼び寄せ、受粉を媒介してもらうためである。

生命体のほとんど全てが、夏祭りの屋台に登場する水風船のような膜の袋である。膜が何かによって破られないかぎり、栄養にはありつけない。そこで、生きものは柔軟であり、しなやかな膜を破るために、爪、嘴、歯などをもつ。

それゆえ、動物を追うテレビ番組は自然の摂理を部分的にしか視聴者に示すことができていない。ライオンが食べたシマウマが食い尽くされ、腐敗していくシーンは残酷に見えるから。ましてや、肉がハエにたかられているシーンはお茶の間の構成員たちの食欲を著しく減退させるだろう。

膜ともれ

人間の行動に限って見ると、興味深いのは、生命体の袋に詰まった液体を自由に出し入れすることが難しいことである。

涙を涙腺という袋から自由に出すことができるのは、目薬不要のレベルに達した俳優の卓技であるが、それは人間の例外にすぎない。「ちょっと涙出してくる」と言って排泄物のように出せる人は少ない。基本的に、涙は出したいときに出すのではなく、いつのまにか涙腺からもれ出るものだ。涙は「流す」や「流れる」よりも「あふれる」や「こぼれる」という日本語が似合う。こぼれるのは、やはり、膜の中にしっかりと涙が格納されているからであり、それは意識せずともギュッと閉められていることが前提である。

汗を汗腺という袋から自由に出すことができる人も、ほとんどいないだろう。汗は「流す」や「流れる」よりも「にじむ」や「ほとばしる」や「吹き出る」や「落ちる」という日本語が似合う。まるで泉や滝のようだ。涙と同様に、膜の中に意識せずとも格納されているからであり、それを人の意識で流すことは難しい。体を激しく動かしたり、気温が高くなったりすることで、自然と汗は体内からもれるものである。

涎《よだれ》は、意図的に口から出すというニュアンスよりも、やはり自然に口の中に増えていくものだろう。それが口という膜からもれ出たとき、私たちは「垂れる」という動詞を用いる。食事を目の前にすると、口に涎が充満する。大人であれば、それを口から出さないようにとどめておくことができるが、赤ん坊はそうはいかない。赤ん坊の「よだれかけ」がいつも湿っているのは、涎もまた、もれ出るものだからである。

尿を膀胱という袋から自由に出すことができる人は、しかし、かなり多いだろう。そうでなければ、誰もがおむつを着用していなければならない。だがやはり、血液から濾しとった老廃物を含む液体もまた、人生の始まりと終わりの時期にはもれる。こちらの方が生きものにとって自然であるかのように。尿意とは、意志を持って抱くものではない。突然、どこからともなく降ってくる。

生きものが生きものである徴標は、この自然発生的な「もれ」ではないかと私は考えている。

社会ともれ

しかし、人間社会が形成されることで、涙にせよ、汗にせよ、涎にせよ、尿にせよ、体内から自然にもれ出るものやそれが染み込んだものは、放っておくと病原菌やにおいの発生源になるので、外に流したり、洗ったりする対象になる。「もれ」は、公共空間ではあってはならないものとして囲われることになる。これらの、膜から滲み出てきたものに由来するにおいに、人間が強い嫌悪感を示したり、「けがれ」の概念によってあらかじめ忌避しようとしたりしているのは、おそらくこのようなリスク回避のシグナルをにおいが果たしているからであろう。

だから、集住空間で排泄はきわめて重要である。森の奥であれ、田畑であれ、海であれ、川であれ、それが微生物によって分解されたり、水によって流されたりして清められるところでなければ、排泄物は壁に囲まれたトイレのような場所に「箱」を作って、貯めておくか、下水道を作って、最終処理施設まで運んで川や海に流すかになる。

とりわけ、都市社会において、自然状態にある人間が管理できないもれを隠蔽し管理しなければならない。あったとしても、それはさらなる外部へともれ出さないようにしなければならない。もれへの警戒はいつも厳しい。よだれかけ、紙おむつ、汗パット、生理用品、下着などは、それらの警戒のために開発された文明の利器である。

生の中心としてのもれ

漏洩は基本的に忌避される。人間は、表向きは破れない膜として暮らしている。血も、涎も、涙も、汗も、尿も、垂れ流していてはいけないという暗黙の（しかし厳重な）ルールに従って生きている。そうしなければ、社会は滞りなく運営されない、と考える。

しかしながら、私たちが「生きている」と強烈に感じるのは、やはり何かがもれ、こぼれ落ちるときだ。それは、ある出来事に心を動かされて涙が止まらなくなることだけでもないし、炎天下で野良仕事をしているとき、体を流れる滂沱《ぼうだ》の汗だけでもない。

拙著『縁食論――孤食と共食のあいだ』（ミシマ社、二〇二〇年）のなかでも論じたことがあるが、江戸時代中期の東北の医者であり、明治以後に「思想家」として発見された安藤昌益は、子どもが誕生するメカニズムを「洩る」という言葉を多用して説明している。

> 初月は夫婦の精水妙合して子宮に舎《やど》り、母の経水已《すで》に洩ること止め、妙合の水玉を囲み、（…）経水は水玉の精と為《な》る。此の妙用の為《た》めに、常は有余りて空用に洩れ失《しっ》す。已《すで》に胎《はら》むに於ては此の用を為すなり。夫婦常に交合し、精水を洩すと雖も、毎度に胎むこと無し。
>
> （安藤昌益著、奈良本辰也訳注『統道真伝（上）』岩波文庫、一九六六年、一九〇頁）

別の箇所で、子どもが誕生することを、ちょうど稲穂が実って、「落ちる」と表現しているように、安藤は「交合」から「誕生」までを、人為ではなく、かといって、水の流れのように無抵抗でもなく、膜に閉じ込められたものがもれ、混合し、また膜の中に胎児が育ち、そして生まれ落ちる、というようにとらえようとしている。膜と漏洩から語り起こされる安藤昌益の性のプロセスは、躍動感に満ちている。他力でもなく自力でもないその双方を含んだ不思議な領域で、語ろうとしている。

おわりに

これまで述べてきたように、食の世界も、排泄の世界も、性の世界もにおいに満ちている世界である。それは、あたかも山水が岩から滲み出てくるように、体内からもれ出てくるものが微生物たちの食べものでもあるからだ。

膜からもれ出ることで、外界に触れて化学変化を起こしたものは、人間社会では「けがれ」として排除される。もれが私たちの目に触れてはいけない、という暗黙の前提によって、社会は成り立っているからである。そうしなければ、社会は円滑にまわらない。

しかしながら、社会の中で一見公開されているようにみえる食べる行為は、栄養を体内に取り込むというよりは、生きものの死骸を、唾液を噴出させて、食い破ることでもある。繰り返すが、生まれてから亡くなるまでのしばらくの間、人に差異はあるとはいえ、私たちの体内のものはもれ始める。そこにこそ、ケアが生まれる。ケアとはもれを社会から隠しつつ、もれていることが人間の本質であり、実は例外ではないのだと、そっとその人をいたわることである。

巻き込まれる——介助と排泄と幾つもの生

井上菜都子

ある介護職員は、その施設での生活を、「寝て、食べて、出して、食べて、寝て……毎日この繰り返し」と表現した。この何気ない表現の重さが私になじんだのは、約一年半のフィールドワークが最終局面に差しかかったころだったように思う。これから私は日本のどこかの、とある介護施設でのありふれた一場面を描いてゆく。二〇二〇年夏、パンデミックのただ中だった。どうか私の肩越しに、あの時あの場所へ没入してみてほしい。

あの場所へ

おそらく私はなに食わぬ顔で「失礼します」と声をかけながら、その居室に入った。ドアに立ち入りを注意する掲示を貼って鍵をかける。ベッドには一人の女性が横たわっている。彼女の名前はT、この居室の住人である。介護用ベッドと洗面台、箪笥、リクライニング・ティルトタイプのピンク色の車いすが並ぶ一〇畳ほどの部屋には、大きな窓から朝日が差し込んでいる。私の上司であるMが、Tのタオルケットを取る。私はMのとなりに立つ。Tは「お腹が苦しい」と微かに訴えた。Mは「テープ止め*」を開けて、便が出ていないかを確認し、彼女の腹を素手で触る。Tの白く柔らかい腹は、大きく水平に、餅のようにベッド上に広がっている。図鑑で見慣れた人体チャートの想定しない例外が、施設利用者らそれぞれの固有の身体に現れているように思えた。

「苦しいけど（便が）出ないなら、看護に確認してみようか」と言うMとともに、私は一度居室を出る。「ナースステーション」と呼ばれる部屋で待機している看護師に、Tへの処置を言づけたMは、廊下で誰かに電話をかける。

Mです。Tさん……井上さんと一緒に入ってもいいかなと思って。それともKの方がいい？……ああ、じゃあ入りますね。

Kは八月ごろに入職した新人だから、Mは私ではなく彼女に介助を経験させようと思ったのだろう。電話口の誰かは、Mの提案、つまり、私にTの排泄介助を手伝わせることを飲んだようだった。

この施設では、「排泄介助」という言葉は避けられる。「私的」な場所である利用者の居室でも、廊下のように「公的」とされる場所でも、その出来事はあからさまには言われない。一見、職員たちには日本の医療・福祉分野、および身体障害者支援に特有の権利擁護教育が行き届いていた。糞尿それ自体やその臭い、それらを思い起こさせる言葉や物品は、ここで目指すべき生活と支援からは排除せねばならない要素のひとつであり、排除は達成されている。しかし、これを読んでいる多くの人びとがすでに知っているように、それらは滲み出て、その規律を攪乱する。この施設の自動ドアが開いた直後に感じる不思議なにおいは、人間の尿のにおいだった。病院の清潔な消毒液の匂いでも、不潔な公衆トイレやボットン便所の臭いや、死臭でもない。ここは、尿が生体恒常化作用の外側へ排出されて細菌が大繁殖する、その手前の曖昧で活力に満ちたにおいが広がる場所だ。人間と非人間のどちらをも含みこむ幾つもの生が蠢《うごめ》き、それらのあいだには、ケアの対象と非対象を分ける一本の線が引かれる。生かすべき生は力強く引き寄せられ、他方には介助をとおして遠ざけられる生がある。

さきほどMがナースステーションで看護師に言づけた内容は、これからTに浣腸の処置をしてほしい、ということだった。床ずれの傷口に薬を塗ったり、浣腸や摘便を行ったりすることは介護職員には法的に許されていなかった。目の前の利用者の、その苦しみや痛みを、職員た

*——テープ止め：おむつの総称。パンツ型ではなく、平面に展開してから、前後左右の生地を重ね合わせることで腰を包み込む形のおむつ。

ちはすぐに取り除くことができない。できることは、早く看護師に報告して動いてもらえるように頼むこと、そしてできる限りその苦しみを回避できるように事前に手を打っておくということだ。そのためには日々、調整されている身体のリズムを知らなければならない。

記録とリズム

少しのあいだ、Tの排泄介助から場面を変えて、いつもは後景に退いている二つの事柄に目を向けてみたい。利用者の身体のリズムは、日々の規則正しく遂行される食事やリハビリ、介助をとおして、あるていど予測可能なものとなっていた。この予測可能性の基盤は、積み重ねられてきた膨大な記録にある。食事と水分の摂取量、尿や便などの排泄量からはじまり、リハビリ中の様子、余暇の過ごし方、外出先での様子、そして日常生活の微々たる出来事が職員たちの手で毎日記録されていく。その内容は多岐にわたる。少しずつ進む老い、疾患の進行への気づきはもちろんのこと、医療機関からはせん妄を疑われた叫びの数々、それに対する声かけ、体調の悪化と緊急入院、ときには怒鳴られて他の職員に介助を交代したことが苛立ちとともに書かれるなど緊迫した様子を伝えるものから、はたまた居室の模様替えをしたこと、家族との思い出話をした、どこのパン屋に出かけてみたいと言っていた……などのすぐに役に立つわけではない、ありふれた日記のような記録までさまざまだ。

利用者も職員も、浣腸や摘便による排便を「コントロール」と呼んだ。対して、飲み薬などを使用してうながされた排便は「自然排便」と呼ばれる。ほとんどの利用者は四肢麻痺の状態にあるため、身体を動かしたり、体勢を変えたりする機会が少ない。そのためぜんどう運動が足りず、慢性的に便秘がおこる。食べ物を工夫しマッサージをするなど色々な対処も行われていたが、お腹の違和感や膨満感に苦しむ利用者たちにとっても、世話を担う職員と看護師たちにとっても、便秘は悩みの種だった。噛んで口から食べるのであれ、胃ろうや静脈からであれ、栄養を取り込むことにも難しさがある。しかし排泄の滞りもまた大きな障壁のひとつだ。排泄のタイミングや排泄物の状態などは日々記録されていき、その記録と照らし合わせながら「自然排便」のための投薬も「コントロール」のための浣腸も行われていた。

それでも、実際の排泄は計画通りにおこるとは限らない。介助が間に合わず排泄物がベッドや服に漏れ出て「汚染」したり、逆に、出ると思った便が出ずに利用者が職員から小言を言われる場面が頻発したりする。そして利用者とは対照的に、不定期での夜勤を繰り返す職員たちは次第に身体のリズムを崩していった。「今日、昨日、一昨日がわからない」「今日が何曜日かわからないから利用者にきこう」という会話が頻繁に飛び交う。まるでターミナル駅の時刻表と乗換案内のような複雑さをもって彼女らの生活は編まれていく。それではもし、あるひとつの生が生体としての終焉を迎えるとき、つまり誰かが亡くなるとき、この複数の身体の連続性が途切れるという出来事はどのように経験されるのだろうか。

看取り

ある利用者*の最期に「ケア担当**」としてかかわっていた職員が、その時のことを語ってくれたことがある。死期の近い彼女が病院から施設に「帰ってきた」姿を見て、そのIという職員は「あと半年でも一年でも生きるかもしれない」と希望を抱きかけたという。経管栄養で今までと変わらず栄養と水分を摂取しており、気管切開部に酸素吸入器のチューブがつながっていることと、安全に車いすに乗せることができるのか不安があること以外には、その女性利用者は何ら変わりないように見えたからだ。

だが、変化のない外見とは裏腹に、彼女の「内側の状態」は悪化していた。便が「下りてこない」。それまでは「自力で出していた」はずの便が出ない。日ごろのケアのセオリーで考えれば、「便が出ない」のは車いすに乗らなくなって体勢が変化せず、ぜんどう運動がおこりにくくなったからだ。排泄されなければ、行き先を失った内容物は逆流し、口から溢れてくる。そうなる前に下剤を服用してもらったり、座薬や浣腸の処置をしたりするはずだ。この施設ではそのようにして多くの人びとが生きてきた。Iは、「便が出れば、また（彼女の体調は）戻るんじゃないの？」と思ったという。しかし実際は排泄どころか栄養と水分の吸収も止まりかけていた。

彼女の死の二か月後に、Iをふくめ四人の職員が参加するカンファレンスが行われた。一般的に、介護施設は利用者の死が頻繁に体験される空間だと思われるかもしれないが、この施設はそうではなかった。多くの利用者が四〇〜五〇代で入所していることもあり、開設して二〇年ほど経っていた当時、職員が離職することはあっても、利用者が居なくなることは少なかった。利用者が亡くなるとしてもそれは入院先がほとんどで、「看取り」は繰り返し起こる出来事ではなかった。ケアは、介助をとおして対象を力強く生の領域に引き込む、求心力をともなった流れであるといえる。それに対して看取りとは、その相手が死にむかって後退するにまかせて介入の手を緩めてゆく、もうひとつの流れであるように思える。この矛盾によって一体何が起こっていたのか。看取りのカンファレンスの目的はその体験を振り返ることにあった。

職員の一人が特にトイレが大変だったと語ると、ほかの二人もつられて懐かしそうに話しだす。居室のトイレで、職員二人で脇を支えながら彼女を便座に座らせるのだが、体幹が弱っているため姿勢が崩れてしまう。自分の姿勢が崩れたことに驚いてもっと大きく姿勢を崩してしまうものだから、余計にその場から離れられない。何かを伝えようとしているから文字盤を持って行って訊いてみれば、トイレに関係のない「違うこと」まで伝えてきたりして、職員は

＊——ある利用者：私はこの素描では、学術的なやり方に則ってこの女性利用者をイニシャルや仮名で形容することを避け、「ある利用者」「彼女」「あの人」と呼びながら、亡くなったこの女性の、空白の輪郭をなぞるように記述したい。

＊＊——ケア担当：利用者それぞれには、事務作業やケアの計画を担当する職員がついている。業務は日常的な介助に加えて、施設運営者たちと担当利用者の仲介役を務めるほか、居室の掃除と消耗品の入れ替え、所持金や郵便物の管理、必要であれば外出の際の付き添いなど多岐にわたる。

また手間取られる。三人は笑みを浮かべながら語り合う。「うつぶせだった時代」も大変だった。まだ食事ができたころ、彼女は机にうつぶせになるように覆いかぶさって食べていた。少しでも肘の位置がずれると泣き出すので、周りが黙々と食べているなかで一人泣いているという光景が日常だった。当時は大変で仕方がなかったけれど、今となっては、あの苦労も楽しかったと感じられるらしかった。

思い出話に花が咲いた後、話題は死へと向かっていく。看取りのために彼女が病院から「帰ってきた」とき、Iには「便が出れば、また（彼女の体調は）戻るんじゃないの？」と思えた。しかし、排便コントロールをしたところで「それ（戻る見込み）はない」と看護師から伝えられ、その言葉を聞いてやっと「じゃあ、あと三、四日」しか彼女が生きられないのだと悟った。Iは涙ぐんでいるように鼻にかかった声で「あの人が全てで、あの人から始まった。私の中ではまだ亡くなっていなくて、終わっていない」と絞り出した。私の席から顔は見えなかったが、彼女は泣いているのだとわかった。漏れ出るはずのものが現れないということ、そうしてケアの手がかりを失っていくということ、それは自分の手が届かぬ所へと大切な人が遠のく事態を意味していた。二時間ほど言葉を交わしカンファレンスは終わった。会議室をあとにした職員たちは介助へ戻る。この素描もまた、彼女たちとともに介助へと立ち戻ろう。

排泄介助

看護師に浣腸の処置を頼んだ職員Mと私は、介助の物品を揃えたあと、ふたたびTの居室へ帰った。行き違いになったが、すでに看護師がTに浣腸を施しているはずだ。居室の棚からテープ止めを取りだして用意をおえたMは、ベッド上のTの左腰のあたりに立った。私はMのとなり、Tの顔のあたりに立つ。そして彼女の身体をこちら側、つまりTからみて左側に倒す。臀部が見える。

Mが「ちょっと平らにするよ」と言って腹を軽く押すと、少しずつ音をたてながら液状の便が流れ出た。押す位置を変えつつ腹を圧迫し続ける。Tの肩を支えている私の腕の下で、彼女は苦しそうに顔をゆがめる。介助をはじめたばかりのころは排泄物の臭いのつよさに思わず吐きそうになっていたが、ここで一年近くを過ごした私はすでに臭いの衝撃に慣れている。意思疎通がかみ合わず、どんな働きかけをしても間主観的につながる手ごたえを得られず、相手の世界から自分がはじき出されているような感覚に陥ることも多い。そのような環境に身を置いたとき、便の臭いは彼女たちが今ここで確かに生きているという現実に私を引き戻してくれる。

Tを仰向けに転がし、ビニール手袋をはめた手で彼女の股を開くと、私の隣にいたMは「水泡ができてるよ」と声をあげた。陰部の左、太ももに近い部分に水泡があるのを私も確認する。導尿カテーテルが皮膚に触れ続けることで炎症をおこしているのだろう。テープ止めの吸水力や「フラット」(使い捨ての防水シート)の大きさ、石鹸の泡立ちなど介護用品それぞれの特性を利用してどのように陰部を洗浄するか、そんな話をしながら介助を手伝う。

汚れたテープ止めとフラットをとり除き、新しいものを敷いたころに、再び便が流れ出はじめた。排泄介助はやり直しだ。Mと私は何も言わず対処していくが、Tは申し訳なさそうに「すいません」と謝った。二人して「いいじゃないの」「すっきりしますね」と彼女の言葉を打ち消そうと声をかけるが、彼女は謝りながら「はい」「何だか刺激があったようで」などとか細い声で言っている。Mはといえば、「ご飯前でよかったね」「やっぱりコントロールは午前中だよ」と何だか嬉しそうに笑っている。

新しいテープ止めを着けた後、Mがベッドのそばを離れた少しの間にまた便が流れ出た。不安げなTをよそに、Mは「うわあ、楽しみだな」と呟いて、二回目の排泄介助をはじめた。テープ止めを再び開こうとするMの手が、興奮している。私はTの肩に手を添えて横向きに寝ている身体が倒れないよう支える。Tの腹の音や震え、動きから便の移動を感じ、背中の感触から彼女の肩に力が入るのを感じる。柔らかな皮膚と脂肪、微かな筋肉のこわばり、汗の湿り。私は彼女を感じとって笑ってしまう。私の手や声から、Tは私の笑いに気づいているだろう。Tは「来る」「出てる」というように状況を報告してくれるが、言われるまでもなく、私はすでにそのことに気づいている。

綺麗になった肌に新しいテープ止めを着け、ズボンも身につけたあと、Tを二人がかりで抱え上げて車いすに乗せる。消臭スプレーを居室内に振りまきドアを開けると、廊下から生ぬるい空気が流れ込んできた。他の居室のドアも開いていて、数台の車いすが広間に並んでいる。私たちがTの居室にこもっている間に、他の利用者たちの介助も終わったようだ。私の前を足早に横切る職員の内線からは、ナースコールのけたたましい呼び出し音が響いた。テレビのワイドショーは物々しく不特定多数に話しかけ、キッチンのシンクに水が跳ねる……騒々しい木曜午前が過ぎていく。

巻き込まれ、なれ合う

実のところ、私はTの排泄介助に関わることも、見ることも公的には許されてはいなかった。施設側から「フィールドワーク（井上さん）ケア見学／実施　確認表」という表が用意されており、その表中でTは、フィールドワーカーとしての私がTの排泄介助にかかわることを認めていなかったからだ。私と利用者それぞれの安定的な関係は、フィールドワークがはじまる前から表の中に用意されていた。しかし、あの時すでに、私たちは平面的な一覧表の枠外へと溶け出していた。

Tは「学生の井上さん」が介助に入ったことを最後まで気にしていなかったと思う。私は彼女から「井上さん」と呼ばれたことは一度もなく、最後まで自分から何か打ち明けることもなかった。彼女との関係における私は、学生なのか、職員なのか、はたまた「井上」という名の人物なのか……といった飾りがはがされた「私」そのものだと感じた。

職員たちのなかでも、私は明らかに彼女を甘やかしていた。何かに慄《おのの》き、身体を、自分をどうしようもないと嘆き、他人を罵《ののし》り、声を荒げる彼女を放っておけず、他の利用者たちよりも彼女を気にかけて助け、特別思い入れていた。私には入ることができない介助があって時間が空くと、そのたびに彼女の居室へ行って話をした。彼女についての記録を漁り、彼女から見える場所に姿を現さなくても、その叫び声を忘れないようにノートに書いた。

資源分配の公平性と業務の効率性という施設の経済的観点で考えれば褒められた行為ではない。同時に、社会関係的にも、一部の職員たちが危険視していた「なれ合い」と呼ばれるたぐいのものだった。多くの人びとが利用者や職員同士の「なれ合い」に悩み、精神的にも身体的にも疲れ、辞めていった。ここを去ると決めた職員は何かを振り切ったように明るい表情を見せるから、いつ誰が辞めるかは発表される前から解るのだ、と利用者の一人が教えてくれた。

ある日、職員Ⅰは私に、このような言葉をかけてきた。

> なれ合って、相手の本当でない、違う姿が独り歩きしはじめる。本当にその人がどう感じているかが置いてけぼりになっていく。職員が利用者を巻き込んで、利用者が職員を巻き込んで、職員が職員を巻き込んで、誰かを独り歩きさせていく。よいケアとわるいケアは紙一重なの。

Ｉは、私が利用者や職員と「なれ合い」、巻き込まれていると忠告したのだろう。もしくは巻き込まれ合っていることを窘《たしな》めたのかもしれない。介助の教科書では、実際に手助けをするのは、相手から要望を伝えられたあとだとされる。この規則に従えば、「誰か」の痛みや苦しさや違和感は、言葉や身振りで表現されてはじめて周囲の人びとを動かし、その「誰か」は被介助者となるのだ。介助者の過剰な解釈によって要望を先回りするようなケアは「よい」とはされない。Ｉの言った「よいケアとわるいケア」とは、こうした介護業界の前提を踏まえたものだろう。ただ、この施設では会話の難しい利用者も多くいたので、実際には利用者の要望を先回りするようなケアが望ましいとも言われていた。重要なのは、Ｉの語りのなかで、「よいケアとわるいケア」が表裏一体のものとして語られ、その表裏の関係が、誰かを「巻き込んで」いる状態とともに説明される点だ。巻き込む主体は職員であったり利用者であったり、巻き込まれる対象もどちらでもあり得る。

誰かを自らの方へ巻き込むことに関して職員／利用者や介助者／被介助者は区別されない。そして延々と続く介助をする／うける日々は、明確には語られない相手の思いに気づき、それを拾いあげるやり取りの重なりだ。利用者も職員も、相手を繊細に観察して推察している。こうした介助の過程ではお互いが、自己中心的な視点から、相手を中心とする視点へと巻き込まれる契機に身を投じ続けているように私には感じられる。そして双方が巻き込まれ合うその渦中で、密かに相手と通じ合うことを、この施設の人びとは「なれ合い」と呼んだのではないだろうか。それはまるで嵐のなかの凪に留まるような静かな接触だ。「相手の立場になって考えなさい」というありきたりな文句では取り繕えない、自他の生をこの身に引き受け、ゆだねることの危うさを孕《はら》んだ生の交叉とも言えるかもしれない。

Tは、利用者たちのなかでも特に小心者だった。少しでもこちらが緊張した態度をとり仰々しい振る舞いをすれば、彼女も警戒して目を逸らし、こぶしを握る。こちらが有無を言わせず彼女に接触することもできるが、全身で拒絶される。そのような無言の抵抗は多々あった。しかし、私が一介の職員のように勝手に動きまわり、他の職員や利用者たちも私が誰であるかに気を払わなくなったころから、Tは私を警戒する素振りを見せなくなっていった。自分のもとを訪れる人びとの言動から私の立場の変容をゆるやかに感じとっていたのかもしれない。私は、Tの拒絶がほころんでいると感じていた。それゆえ、あえて排泄介助に入った。

しかし、もしその見立てが間違っていたらどうだろうか。あの職員の忠告のように、私が見ていたものが独り歩きさせた「本当でない」Tの姿だったとしたら。彼女が私を学生だと知っていたとしたら。意思が尊重されない、尊厳を否定する悲惨な介助をうけたと声をあげたとしたら。人権の尊重という原理でものを考えるならば、負けるのは一覧表に倣わなかった私と、私を監督しなかった職員たちだ。誰かの言葉も、自分の思いもあてにはならない。

Tがあの状況を楽しんでいると短絡的に言いきるべきではないだろう。こうした拒絶と納得が入り乱れる出来事を肯定的に書くということは、フィールドワーカーの暴力性を正当化していると思われるかもしれない。しかし、もしこれが正当化だとされても、この一連の出来事に隠れる、一抹の高揚感を記述から取りこぼしたくはなかった。ときに秩序から逸脱する互いの姿を隠して否定したり、汚物の「きたなさ」にまみれたりしながらも、ときどき訪れる自他の生が交叉する感触に身をゆだねられることを、私は心底嬉しく思う。

この素描の前半で、私はとある利用者の死をめぐる経験を描いた。この話には、重要な続きがある。彼女が亡くなる前日に、この施設では音楽家をよんで演奏会が開かれていた。体調は悪かったものの彼女は少しだけ居室の外に出て、音楽を聴きながら涙を流したという。慣れない看取りにみな余裕がなく、忙しく過ごしていたため、ほとんどの職員は彼女が涙を流していることには気づいていなかった。涙に気づいた職員の一人は、それまで彼女の要望に応えきれなかったことを悔やんでいたが、最期に良い思い出をつくってあげられたと思ったという。何かを遺せたのだという確信とともに、相手の思いに気づき、留まり、応えきれていなかったのではないかという疑念を繰り返し抱いているようにみえた。

「あの人」を心に留めたまま、Iは日々の業務に追い立てられていた。私もまた、彼女たちを心に留めたまま、あの場所から離れて日々を過ごしている。そしてこの素描は、ふと駆り立てられるようにしながら、彼女たちの生き様を紙面に刻み付けてきたものである。ここには、理性的で規律だった一覧表からの逸脱、そこでの主体性と政治性、透明な管理者、ケアのための生の制御、臭いとスティグマ、研究倫理、職業差別……何重にも重なった論点が含まれているはずだ。もしかすると私が意図しなかった論点を、読者は引き出すかもしれない。読者が追体験可能な深さをもって、文章から「におう」民族誌を提示できているとすれば本望だ。最後に、いまだに忘れられない、ある出来事を書き残しておきたい。

「蛇が、天井をはっていたんです」と声を震わせながらTは言った。明け方まで叫びとおした彼女は、少しくたびれているようだった。細長い指がすっと居室の天井をさした。指さされたその先の「蛇」が私には見つけられない。もし叶うのならば、私は彼女に忍びよるその生き物をこの目で見てみたかった。できたことと言えば、「蛇」の不在を知り、彼女の足を摩《さす》ることくらいだった。

傷跡は人が生きてきた時間のかたち

写真家・石内都へのインタビュー

石内都さんは一九四七年群馬県桐生市生まれ、六歳から一九歳まで横須賀に育つ。米軍基地のある横須賀の街を撮った《絶唱、横須賀ストーリー》の個展（一九七七年）で写真家としてデビューし、一九七九年には個展「アパート」および写真集『APARTMENT』で木村伊兵衛賞を受賞。赤線（旧遊廓）の建物を撮った《連夜の街》も代表作のひとつである。

二〇〇五年にヴェネチア・ビエンナーレ日本館代表作家として選ばれ、自身の母の遺品を写した《Mother's 2000-2005 ― 未来の刻印》を展示。被爆者の遺品を撮影する《ひろしま》シリーズは、二〇〇七年から開始され現在まで続けられている。二〇一四年のハッセルブラッド国際写真賞の受賞においては、記憶の政治的な側面と個人的な側面の交差を独自の方法で探究してきた写真家として評価された。

石内さんの撮る遺品の写真は、母が部屋に遺した品々を写した《Mother's》も、メキシコの画家フリーダ・カーロの衣服や装飾品を撮った《フリーダ》も、いずれも持ち主の体温やにおいを漂わせている。写真のなかの使いかけの口紅は表面がえぐれ、はき古されたブーツは少しだけひしゃげていて、それら遺品じたいが生命を宿しているようだ――いま現実に生きているものたちと同じように不完全な生命を。

「きれいも汚いも同じもの」という石内さんは、この世にいない人がかつて息をし、食べ、体を横たえていた生活の空間をどのように感じてきたのだろうか。人の体と歩みを毎日支えながらも意識を向けられることのほとんどない足のうらや、人目に触れないよう隠されることも多い体の傷跡に、どのような視線を向けてきたのだろうか。

二〇二三年八月、群馬県桐生市のご自宅にうかがって話を聞いた。

（聞き手：酒井朋子）

傷跡はそれ自体が写真的

酒井（以下S） 傷の作品はどういうきっかけで始められたんでしょうか。

石内（以下I） もともと私、大きな傷を持っているんです。それが冬になるといつも疼くわけ。するとその傷を受けた日を思い出したりする。不思議な体験だよね。小学校二年生のときに盲腸が悪化して腹膜炎になって手術したときの傷跡なんですけど、その日のことを今でもよく覚えているんです。父に背負われて、今まで行っていた病院では「もう手遅れです、他の病院に行ってください」と言われて。父の背中で「お腹痛いなー」って思っているの。過去の記憶が傷が疼くことによって蘇るんです。

以前、男性のヌードを撮り始めていた時期があって、最初は友達に頼んで撮っていたんだけれど、ある人がヌードになったら傷があったんですね。いや、人の体に傷があるかどうかなんてわかんないじゃない。彼の傷は偶然ヌードになったから見えたわけであって。それで、「その傷どうしたの」って聞いたの。そしたら彼は古い写真を見るように「これこれこういうときに受けた傷で」ってしゃべり始めたのね。そんな彼の話を聞いていて、傷跡って古い写真や記憶にすごく似てるなと思った。それ自体が写真的なんですね。写真的なものをもう一回写真で撮るというような感じかな。そういう風に始まりました。

最初は、呼ばれて行った色々な場所で、「すいません、傷跡ある人います？」って尋ねていた。「実は今傷跡を撮っています、もしよければ撮らせてください」と声をかけたわけ。それで横浜の私のアトリエに来てもらって撮っていました。そうじゃなくなったのは、京橋にある国立近代美術館のフィルムセンターで初めて個展をやったときから。国立の美術館という公的な場所で傷の写真を初めて展示したの。そしたらすごい反応だったのね。傷を持っている人が傷の写真を見に来る。そして私に声をかけてきて、「あのう、傷あります」ってね。それからちょっと変わったんですよね、傷のある方が私に連絡をくれるようになった。

アトリエに来てもらって、話を聞いて、脱いでもらって撮るみたいな感じ。最初は男の人が多かったんですけど、ある日若い女の人が来て、やっぱり男の傷と女性の傷は全く違うんだってわかった。女はやっぱりキズモノなんですよ。でも男は勲章なの。その性差の違いがよくわかって。その後は女性しか撮らなくなっちゃいました。

S その女の人の振る舞いとか話し方から感じ取った違いだったんですか？

I いや、傷のあり方ね。彼女は赤ちゃんのときにお母さんの不注意でやけどしたの。そのやけどが成長とともにどんどん大きくなるんですよ。移植もたくさんして、お母さんともうまくいかないって言ってましたね。うちで撮影したときに初めてその傷を見てびっくりしたんですよ、「わあ、すごい！」って。綺麗なんだよ、天使の羽衣みたい。大きなやけどのあとが脚と背中にあったかな。すごく感動してしまって、傷跡の女神が現れたと思った。

傷跡を写真に撮らせるっていうことは、やっぱり勇気がいると思うんですよ。私は自分が傷跡を持っているから、傷を持ってる人の立場もわかるわけね。なんていうのかな、女性がキズモノになって生きていかなきゃいけない意味や、美醜の問題や、色々なこと。『INNOCENCE』（赤々舎、二〇〇七年）というタイトルで写真集にしたんですけれども。

私は単なる美しいものって興味ないんだよ。人が嫌がったり、見たくないと思うもの、見えないもの、日なたより日陰の方に興味がある

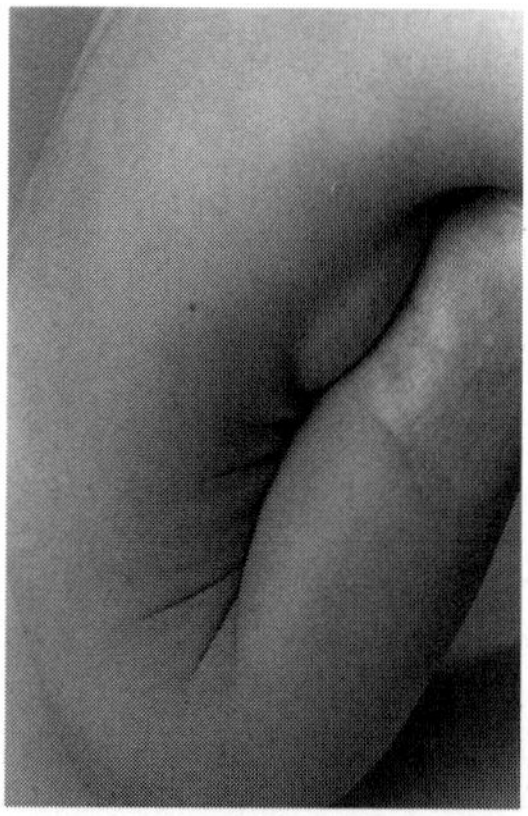
©Ishiuchi Miyako
「Innocence#77」

の。子供のときからずっとそうだったんです。暗闇ってなんだろう、この奥には何があるんだろうと思っていたんですね。

さっきのやけどの彼女も、傷には彼女の個人的な時間が定着しているのね。その時間も身体とともにどんどん変化している。傷跡っていうのは言ってみれば死ななかった証拠ですよ。その人の生きてきた時間のかたちだよね。だから傷跡の中に色んなものが含まれている。

写真を通じて見える表面の向こう側

I 写真で撮ると、現実の傷跡とはまた違うんですよ。写真というのは光を当てた反射だから。プリントして印画紙に定着することで、何か全く別のかたちに移行するんです。傷跡が単なる傷跡じゃなくなる。それに私の写真はモノクロで、大きいし、そういう意味でも現実の傷とは違った次元に移行していくわけですよ。表面の傷跡の向こう側にあるもの、奥にある見えないものが見えたらいいなと思って撮っています。

S 「こういう傷が撮りたい」というこだわりが先にあるわけじゃないんですね。脱いで初めて浮かび上がるんであって。

I　先に傷を見せてくださいって言わないからね。「もし本当に撮っていいなら来てください」と伝えてあるだけで。カメラの前で初めて見るわけだよ。小さいも大きいも関係なく、傷は傷でしかない。

S　撮影しながらお話もするんですか？

I　しない。終わってから、いつ、どうやってその傷ができたのかを書いてもらう。それだけです。だから傷跡の写真集は生年月日と傷を受けた年代と、傷を受けた状況なり理由なり、その三つだけが書いてあります。『Scars』（蒼穹舎、二〇〇五年）という写真集ですね。情報はなるべく少なくしてるからね。写真に言葉はいらない。

S　傷の場合は、傷そのものが語り出すんでしょうか。

I　そうです。割とクローズアップで引かないで撮ったので、誰の傷か、女性か男性の傷か、それもわからないかもしれないです。ただ生まれたときから傷を受けるまでの時間というのはちょっと意味があるかなということと、理由ぐらいはね。最低限度は入っています。

S　写真を通して別のかたちに変わるというのも面白いですね。

I　うん、だって写真が真実を映すっていうのは嘘ばっかりで、やっぱり創作だから、私の場合は。特に光ですね。光がないと写真は撮れないから、どうやって皆さんに光の下に来てもらうか。照明は使わずに自然光で、三五ミリという小さなカメラで、それだけ。助手もいなくて一対一で。そういう現場というのはすごくいいんですよ。余計なものがない。話もしない。なるべく早く、短く。数もあまり撮らない。だってワンカット撮れれば本当はいいんですよ。

S 一人につき何枚ぐらい撮るんですか？

I 三五ミリで三六枚撮りが一本か二本かな。撮っても後処理がすごく大変だから、なるべく少ない方がいいの。とにかくいっぱい撮れと言う写真家もいるんだけどね。私は写っていなかったらそれで仕方ないという感じ。

撮影は、今でも誰か別の人にやってほしい（笑）。現像だけやりたい。だって、行ってシャッター押せばそれで済むわけで、撮影はあんまり考えることないんですよ。私はパッパッパッパッとなるべく早く少なく終わらせちゃう。

暗室という別世界

I 写真はプロセスが一人で全部できるというのが良かった。撮影も現像も一人でできるでしょう。私は写真というより暗室がすごく面白かったんです。最近でこそ写真について色々考えはじめたけど、昔はただ「暗室に入りたい」だったんです。

私の暗室は、一条の光も入らない空間を普通の部屋で自分で作るわけ。暗幕を全部かけるんだけど、昼間は光が入るから目張りしたりね。

S うわあ、準備がすごく大変ですね。

I いやいや、そういうのが楽しかったの。できた暗室の真ん中に入ってやっと「大丈夫だな」って思えるの。現像での薬液は、現像液、停止液、定着液と三つあって、毒なんですよね。昔は素手でやってましたけど本当はダメ。だって手袋履くのめんどくさくて。

S 手触りも、やっぱり素手の方が扱いがいいですよね。

I それはあります。現像液ってぬるぬるしていて、それと印画紙との感覚に触れていくみたいな面白さがある。布を染めているのと同じね。初めは真っ白な紙だけど、現像液に入れるとじゅわじゅわと粒子が浮き上がってくる。「うわあ、すごい」「やったあ」って思うのね。白い印画紙だから皮膚みたいなの。

私はヴィンテージがロールプリントですけど、そのころロールプリントを自分でやってる人は誰もいなかった。大きいんですよね、長さ二〇メートル、幅が一メートルちょっとで、それを真っ暗な中で切っていくんです。そういうのが面白かった。

あと、プリントってまさに時間との戦い。一秒の差でプリントも全然変わるわけだから。試し焼きするんだけど、印画紙も高いからあんまりダメ出しできないんですよ。きちっと秒数を測って、明るいところと暗いところでデータを取って見ていくわけ。

薬液は疲労するから早くやらなきゃいけないというのもある。大きい印画紙はセットするのが一日かかるよね。それで一泊二日か、せいぜい二泊三日で一日三枚くらいできればいいかな、みたいな。そういうことが楽しかった。もう写真を焼いてるとかいうイメージじゃなくて、真っ暗なとこで赤い電球つけて臭い匂いの中で、別世界に一人でいる感じね。

S 暗室に入るとワクワクするというか「これを待っていた」という気持ちになるんでしょうか。

I 発見があるんですよ。トリップしてるような感じもある。臭いし昼間から真っ暗だし。時間の感覚がなくなるかな。ハッと気がつくと何十時間もいる。あんまりよくないんだけどね、昔は素手で毒に触れてたわけで。

皮膚に直接触れたものを撮る

S 《Mother's》で撮っている口紅などもそうですが、何かしら人の体に触れたことのあるものに焦点を当てているんでしょうか。

I それは意識的にやっています。母の作品でも、やはり彼女がまとっていたもの、彼女の皮膚に直接触れたものに興味がある。洋服は第二の皮膚って言われるでしょう。下着なんか特にね。体を保護する意味は当然あるけれども、飾るよりも隠している感じも含めて。基本的に身体ってあられもないものだし、美しいものじゃないという感じはちょっとするから。母は病院へ行って二ヶ月で死んでしまったんですけど、亡くなったとき準備が何もできていないし、日常的なものがすべて残されてあったわけですね。そうすると、いつもいる人がいつも座っているところにいない、というのが変に感じられたんです。そしてタンスの引き出しを開けるといっぱい下着が出てきて、「え、何これ」と。「何か皮膚があるな」って。それで《Mother's》という作品になりました。

S 不在を撮っているという感じがありますね。空いてしまった穴を撮っているというか。

I 母が亡くなったとき、自分で理解できないことがいっぱいあったんですよ。親が先に死ぬのは当たり前だと思っていたから、あまり悲しみはないだろうと思っていたの。ところが自分でもびっくりするほど落ち込んでしまった。精神的に参ってしまってほとんど毎日泣いているとかね。そういう現実をどうやって受け止めるかみたいなことも含めて、このままでまずいと思ったときに、「ああ、あそこにカメラがあるな、じゃあ」となったわけです。別に写真を撮ることは目的ではなくて、発表しようという意図もあまりなかったんですよ。だけど、いざプリントすると現物が変わってくるわけ。「これは面白いな」と思いはじめて一〇〇枚くらいプリントして、少し気持ちが落ち着いたときに人に見せたら、「写真集を作ろう」と言われたんですね。

写真はやっぱり冷静でなくては撮れないよね。ピントを合わせなくてはならないから。写真を撮ることによって平静な気分に戻ってくる部分がある。そういう意味では母にすごく感謝しています。

S お母様の遺品という、ある意味すごく近しいものを撮ったわけですよね。だからこそ現物とプリントとの差が見えてきたっていう部分はあったんでしょうか。

I いや、母の下着なんかそんなに見ないよ。

S あ、そうか。むしろ知らない面を見つけたっていう感じ。

I そうそう、母の知らない……まさに女性性を発見したんだよ。同じ女だったってことを発見したの。親というのはなかなか客観的に見ることができない。女同士という距離感もなかなか持てなかった。だから《Mother's》という作品で、「ああそうだったんだ」って気がついた。だから母は女性で、ちゃんと生きてきたんだと。やっぱり生前はそんな風に思えなかった。

S 二〇〇五年のヴェネチア・ビエンナーレは《Mother's》の展示だったんですよね。

I そうです。ヴェネチアでの《Mother's》が元で、《ひろしま》にも《フリーダ》の話にも全部つながってくる。だから母がみんな連れてきてくれたんだなって。

生きられた時間と普遍性

I 結局、写真がどうやって成立するかを考えたときには、暗室で一人で満足しちゃいけないわけです。どうやって自分以外の他者に見せるかも大事。それが写真の一つのあり方だよね。そして、見せることによっていろんな反応があるわけだよね。

《Mother's》の写真は、「お母さん、恥ずかしがりやだから下着なんて出すの絶対嫌だろうな、ごめんね」って思いながらヴェネチアに持っていったんです。ビエンナーレは半年くらいやっていて、三回くらい現地に行ったんだけど、そのたびどんどん写真が変わってくるんですよ。嬉しそうにしているわけ。「ヴェネチア気に入ったんだね、君」みたいなね、写真がね。

それとヴェネチア・ビエンナーレは世界中から観客が来るわけですけど、作品見ながら泣いていた方がいたと聞いたし、私も見ました。すると、もう私の母からどんどん離れるわけだよ。誰の母でもいいというか、もっと普遍的なものに移っていた。

S すごく面白いです。手足を撮っていることとも関係してくるような。これは日本美術オーラルヒストリー・アーカイヴ*の方でおっしゃっていたことを読んだんですが、石内さん、自分と同い年の人の手足を撮影していたとき、最初は顔も撮っていたんだと。でも顔は情報量が多すぎる。だから手と足だけにしたそうですね。思うに、手と足もそれ自体の情報量はたくさんあるんですよね。ただ顔とは別種の情報量なのかなと。

I 顔とは違う。同じ身体の部位にしても顔は全く別のもので。手も足もふだん見ないんですよね。もしかしたら手は近いし手入れすることもあるかもしれないけれど、とくに自分の足の裏なんかほとんど誰も見ていない。私は五〇人の女性の足の裏を見て、やっぱりすごく感動したの。ある種その人の一番生活感が出てたかな。

S すごくその人らしさが出るのに、どこかその人から遠い普遍性を持っているというか。

I 足はね、手よりも問題がいっぱいあるわけですよ。手はいいけれど足

＊——日本美術オーラルヒストリー・アーカイヴ：美術に携わってきた人々へのインタビューを口述史料として収集・保存する団体。二〇〇六年設立。インタビューの書き起こしがオンラインで公開されている（https://oralarthistory.org）。

は撮れない、旦那にダメだと言われたと断ってきた人も中にはいて。足って実は性的なもので、どこかタブーに近いのかもしれない。差別とも関わるみたいで、関西の新聞社に写真を載せられないと言われたこともあったのね。結果的に私が撮ってるものはそっち側になる。私はいつも「負から始める」という言葉を使っているんですけどね。

被爆者の服のゆたかな色

—広島では初めから資料館の遺品を撮るつもりだったわけじゃないんです。広島に初めて行ったとき被爆の風景やかたちを見ようということで、町も建物も含めていろんなリサーチがあったんですよ。でもその中で遺品を見てみてびっくりしたんですね。なんと言っても色があったこと。モノクロの写真しか見たことないから、まさかこんなに綺麗な色だとは夢にも思わなかった。デザインもすごくかっこいい。それで遺品だけ撮ろうと決めました。最初は、広島ということで緊張していてどういう風に撮っていいかわからなくて、カメラも三五ミリじゃまずいかな、大型カメラ買わないといけないかな、とか悩んでいたんです。でも「いやそうじゃない」と。

S　《ひろしま》の写真は、かなり透明感がありますよね。

I　最初の一年間はライトボックスを作ってもらって東京から広島まで運んでいます。半分くらいは自然光で撮ったけど、透き通る感じのものはライトボックスです。

S　服がすごくおしゃれだったのが印象的だったともおっしゃっていました。原爆が落ちる直前の、服を着ていた人とそのお母さんとの関係に思いを馳せた、ということでしょうか？

I　手作りなんだよ、昔だから。着物をほぐしてワンピースにしたり、ブラウスにしたり、セーラー服まで手作りで作るの。

S　ああー、それが現物を見ることでわかった、という。

I　資料館の資料じゃわからない。自然光の下に持ってきて、光当てて見るとわかるんですよ。

あと、写真は撮った人が何を考えているかが映りますよね。広島の遺品を撮っていたとき、私はすごくかっこいいな、これ私が着てても いいなとさえ思ったんですよね。そういう目線や気持ちが写真に映るの。展示してある現物は寂しくて硬くてびっくりすることがある。そういう意味で、私は写真は創作だと言うの。記録じゃない。

S 確かに石内さんの写真だと、服やドレスが踊ってるみたいですね。

I あのワンピースたち、なるべくかっこよく、かたちをすべて私が整えたんです。だから、あのワンピースやブラウスを着ていた行方不明の女の子はまだいてね。彼女に対して、いつ帰ってきてもいいんだよ、ここにあるから、という感じ。

目に見えないものを撮る

S 《ひろしま》もそうですが、写真をよく見ると、体液か、血か、何かが見えますよね。一つ一つのものに触れて広げて撮っていくと、そういう「しみ」とも会話する感じがありますか。

I ああいう汚れは時間だと私は思ってる。どんどん変色していって、それが一つの時間のかたちであるわけです。皮膚の上のタコやキズやホクロなんかも一緒ですね、あれも時間のかたち。

S その時間や歴史へのこだわりはすごく作品からも伝わってきます。かなり昔から関心のあるテーマだったんでしょうか。

I やっぱりね、目に見えないものに興味がある。一番目に見えないのは時間なんだけど、あと、匂いね。空気、音。五感に近いものに興味がある。現実にははっきりと見えないものに興味があるというのかな。でも、じゃあ何かというと実体はわかんないじゃない？　私は勝手に傷跡だったりシワだったりが一つの時間のかたちだなと考えているわけ。

S　たとえば匂いに関して言えば、街を撮るときに石内さんが感じた匂いが伝わるプリントとそうじゃないプリントがあるということでしょうか。

I　いや、それはない。私は伝えたいって気持ちは一切ないので。キャプションがつかないってそういうことなんですよ。自分から情報を与えたくない。そのプリントに匂いが写っているかどうかは勝手に見てねという感じです。

でも伝わっちゃうんだよね。それは自然なことだから、こっちが伝えたくない、記録したくはないと言ったって、時間が経てば記録になっちゃうわけですよ。

《絶唱、横須賀ストーリー》もそうですね。『APARTMENT』にも古い電話機が写っていたりします。全部もう記録になっちゃってるわけ。フィルムの丸い粒子でぶつぶつした横須賀の街は当然ないんだけど、にもかかわらず今見ると記録になっている部分がどうしてもある。

記録して伝えるということは写真の本質で、もともとそういう風にできてる。私はその本質がすごく苦手で、なるべく伝えない、記録しない、創作だってずっと言ってきたんですよね。でも四〇年くらい写真をやってきて、やっと最近になって色々考え始めました。今になって写真の原点に立ち戻ったというか、目覚めたというか。そういう部分がありますね。

Ⅳ そろりそろり
汚染の向こう側

かきまぜる――にごりの海の透明度

福永真弓

都市の海を読む

べた凪の時、瀬戸内の波は不思議な粘り気を帯びる。触れば潮水はさらさらと手をすり抜けていくのに、波はもったりと弾力があるように見えるのだ。風が渡れば水面はさざめくが、すぐにとろりと元の姿に戻る。与謝蕪村が「のたりのたり」と詠んだ春の海は丹後半島の海だった。彼の海よりも瀬戸内の春の波は穏やかだけれども、眠気を誘う安穏さをも表現した「のたりのたり」を超える言葉は残念ながら思いつかない。

もちろん、瀬戸内は穏やかさばかりの海ではない。同じ凪の日でも、島の間など海流がぶつかるところには常に渦が出ているし、行き交う波の速さと複雑さはタンカーですら惑わせる。場所によって大きく異なる、潮の緩急こそ瀬戸内の魅力とも言えよう。それでも他の海に比べれば、しごく穏やかな印象が先に立つ。島々の影をいくつも抱え、古代より交通の要所となり、ハマに生きる人びとを養ってきた海。そんな瀬戸内の海こそ、引っ越し先の岩手県で太平洋を知るまで、わたしにとっての海だった。

研究者となり、神戸と大阪という二つの都市を背負う須磨浦の海を訪ね始めたのは、勝手に慕わしく思ってきた海のことをきちんと知りたいと思ったからだった。すぐに、終わらない都市化のなかで、それでも漁師であり続けてきた人びとの営みに惹かれ、当時始めようとしていた藻類養殖研究のサイトの一つにすることに決めた。コンクリートの岸壁、テトラポッドの岩礁、浮かぶ人工島、付け替えられた河口域、直線と視角で整えられた沿岸。瀬戸内海は風光明媚で知られるが、その実、どこまでも人工的な空間に塗り替えられ、経済の論理に見合うよう整えられた都市水域や工場地帯を多く抱える。港湾、重工業用地、発電、漁業、観光、人間側の用途によって幾重にもゾーニングされ、目的外利用を制限された水域も、魚たちにとっては自分たちにとって住みよいかだけが問題となる。ゴチ、ヒラメ、カレイ、メバル、アイナメ、キス、マダコ、コウイカ、ウマヅラハギ、シタビラメ、イカナゴ、タチウオ、ベラ、などなど、人間が美味しく付き合ってきた魚種は数多く、多様な食文化を支えてきた。頭上を飛行機が飛ぶ海で、タンカーがおこす大きな波に揺れながら漁師は網をおこす。魚と知恵比べ、腕比べをする漁師たちの船が高層ビルを背景に行き交う。

この文章を書いている今はもう三月。そろそろ瀬戸内の水面近くにサヨリが戻ってくる頃だ。冬の間サヨリは海の深いところにいて、春になると上がってくる。キラキラと光る群れは岸壁や養殖筏の間を泳ぎ、季節の味覚として人びとを楽しませる。サヨリが上がってくる頃、ノリの収穫は終盤にさしかかり、漁師たちの頭の中では、次の漁の作業日程が組まれている。同時にその眼は、季節の変わり目に日々変容していく風や波の様子、移動したりこれから姿を現したりする魚たちの動向に向けられている。複数の生きものに焦点を合わせ、その生きものがつながる数多の他の生きもの、潮の流れ、浚渫《しゅんせつ》される海底、チッソやリンなどの栄養塩とそれらをもたらす陸の状況など、多様なものに目配りする。複雑な関わりをそのようなものとして把握し、自分の感覚を埋めては、おさえるべき関係性の要所となすべき振る舞いを確かめ、先行きを読む。都市の海の波を読む、漁師たちの日々の営みだ。

海がにごる時

知り合いから連絡があったのは、そんな漁師の日々の営みを書き起こしていた時だった。ちょうど二年前の今時分、サヨリが海面を跳ね始めた頃である。記者を紹介するから、瀬戸内海の環境問題についてどう解釈をすればいいか、アドバイスをくれないかと言う。解釈、という言葉に首を傾げたし、わたしでは力不足だろうと思ったが、とりあえず話のとっかかりになるならと、オンラインで話をしてみることにした。

パソコン画面に現れた記者は、報道番組をつくるために瀬戸内海の取材を始めたばかりだと言う。記者が語るには、瀬戸内海では魚が獲れなくなっている。ノリの色落ちやアサリ、カキの不作も続いている。どうも海がきれいになりすぎたようだ。そのため、兵庫県では水質の基準値を変え、栄養塩管理を行っている。ついては、この栄養塩管理について取材をしたい。整理をすると概ねそのような説明だった。

一通り説明し終えた後、その記者はきゅっと眉間を寄せた。

「でも、結局、下水処理水を調整して栄養塩を流すっていうことは、汚れを流すこと、せっかくきれいにした海をまた汚すことではないのでしょうか」

ははあ、なるほど。「解釈」という言葉が使われた理由がわかった。旬だが、意見も分かれる話題だ。記者は続けた。

「私もまだ理解が及んでいないのですが、汚い水を流すようにするということには、やはり抵抗があります。富栄養化が止まらずに海がにごれば、観光などにも影響があるのではないか、と懸念もあるようですし……」

汚い水。海のにごり。本人は無意識だっただろう。しかし、その口ぶりからは、「汚さ」をめぐる二つの日常感覚が、記者に戸惑いを与えているのだと知れた。すなわち、汚いものは浄化するほどきれいに近づく、という感覚と、汚いの反対はきれい、という感覚だ。これら二つの日常感覚は、誰しもが当たり前だと思っているもので、日々の生活を支える大事な感覚でもある。自分が埋め込まれている秩序と密接に結びつく感覚だからだ。衣服が汚れたら洗濯するし、汗臭い汚れがおちればきれいになったと思う。だが今回の場合、こうした日常感覚がきちんと働いたからこそ、記者は栄養塩管理という方法になんとなく不安を感じていて、どのような態度で取材に臨むべきか決めかねた。だから誰かの解釈を聞きたい、ということのようだった。

記者が抱えていた日常感覚のうちの一つ、汚いものは浄化すればするほどきれいに近づく、という感覚。この感覚をもってみれば、汚水として出された水は、きれいになればなるほど水としての価値を回復したものとみえる。私たちの台所や風呂、トイレから排出されたものは下水処理場に送られ、産業排水は施設内で浄化され、両者とも海や河川に放出される。浄化水は再生水として、河川を維持して健全な水循環を支える環境用水となり、あるいは工業用水や農業用水にもなる。通常の下水処理に加えて、さらに砂ろ過処理およびオゾン処理がなされ、無色透明で無臭になると、東京都が行っているように清流復活事業のための水になる。親水空間や水辺の生態系回復のため、露出するに足るきれいな水資源となるのだ。すなわち、汚水は科学技術を介して浄化され、汚さを脱し、きれいに近づく。浄化度はコストや技術的限界により制限されるが、その制限さえなければ、水はきれいになればなるほどよいのである。

他方、そのような感覚があると、当時、瀬戸内海で試みられ始めていた栄養塩管理の手法には、直観的に「いいね」とうなずきにくくなる。栄養塩管理とは、主に冬季に、これまでひたすら除去してきた全リンや全チッソを処理水中に残して濃度を上げ、海に放流するということだ。ノリの成長に必要な栄養塩の供給や、生態系の基盤となる植物プランクトンを増やして二枚貝やカキ、魚の資源量を回復しようというものだ。浄化度は高ければ高い方がよい放流水、というこれまでの考え方からみれば、栄養塩類のリンやチッソが残った水に対して、ちょっと複雑な思いを抱くのも道理だ。だからこそ、おそらく誰かが先に記者にそのような表現をしたのだろうと思うが、いささか挑発的な表現、すなわち、わざと汚れを残した「汚い水」で、「海を汚すのか」という表現がなされる。

さて、もう一つの日常感覚はより根本的なものだ。すなわち、汚いの反対はきれい、という感覚である。これもまた、わたしたちがほぼ共通して抱えている、当たり前の感覚だ。だが、栄養塩管理を支えているのは、汚い、きれいという対立項ではない。豊かな海という思想だ。

星野芳郎が著書『瀬戸内海汚染』（岩波書店、一九七二年）に記したように、瀬戸内海はかつて「瀬死の海」と呼ばれた。その頃、人びとが求めたのは「きれいな海」だった。汚水、悪水、黒水、濁水。戦後の復興開発と共に都市化が進んだ一九五〇年代から、瀬戸内海には、生活排水、産業排水、廃油、底質汚染を引き起こす廃棄物が流れ込んだ。開発にともなって砂浜は失われ、エビやシャコが姿を消した。産業排水の流れ込んだ水域では魚が獲れなくなり、サザエは掴めばグシャリと潰れた。脊髄の骨折や腫瘍の発生が頻繁に魚に見られた。富栄養化は深刻化し、赤潮が各所で発生した。泳げば黒いタールの粒が裸の胸につき、ヘドロ化した海からは異臭が漂った。

沿岸の開発地帯の漁民たちは失われたかつての海を取り戻すべく、企業や国を相手に闘争を繰り広げた。一九七〇年に瀬戸内海水産開発協議会が『公害にさらされる瀬戸内海の漁業——

現状と対策』にまとめたところによると、一九六九年時点で汚濁水域が五八箇所、汚濁源が二一六〇、そのうち産業排水が五〇パーセントを超えていた。漁民たちが、海がドブ池になった、海はもう死んだ、と語った海の姿がそこにあった。ゆえに、漁民たちが取り戻したかった「きれいな海」というのは、「瀕死の海」になる前の、資源の豊かな海とほぼ同義だった。

一九七〇年の公害国会を契機に、水質汚濁防止法（一九七〇年）および瀬戸内海環境保全特別措置法（一九七三年）が制定され、生活排水、産業排水などすべての汚濁発生源について削減対策が行われた。化学的酸素要求量（COD）*を基準に、赤潮の原因となるプランクトンを増殖させる全チッソ・全リン（TN・TP）**などの総量規制を行い、陸域から海へ排出する水を「きれいな水」にすることが目指されたのだ。その甲斐あって、一九八〇年代には水質は大きく改善し、赤潮の発生も減った。

ところが、全チッソ・全リンの値を下げても、CODが下がらない。「きれいな海」を目指してきたが、一九八〇年代半ば以降、漁獲量は減り続け、ノリの色落ちやアサリやカキなどの不作も続いた。「きれいな海」という目標が海を貧しくしているのではないか。汚い／きれいの二項対立的思考ではない、海の状態を評価する他の言葉、別の思考が必要ではないのか。

試行錯誤の後、選ばれたのは漁師たちにとって身近な言葉である「豊かな海」という表現だった。

二〇一五年には瀬戸内海環境保全特別措置法の一部を改正する法律が成立し、「海を豊かにする」という方針が明記された。兵庫県はこの改正を受けて、二〇一九年から全リンや全チッソ除去の値に下限を設け、海の生態系を支える植物プランクトンを増やせるよう、排水などの栄養塩管理の試験的運用を始めた。二〇二一年六月にはさらに瀬戸内海環境保全特別措置法が改正され、特定の海域への栄養塩類供給が可能となった。他の府県に先駆け、兵庫県は二〇二二年一〇月に「栄養塩類管理計画」を策定し、栄養塩類の供給量を増やす試みを始めた***。

厄介なのは、豊かさを充たす水は、水の「きれい」を一般的に測る視覚的指標となる透明性や色味という点からみると、「きれい」というカテゴリにあてはまりにくい状態にあるということだ。豊かな海は時ににごっている。しかしそのにごりは、公害や赤潮の時のにごりではない。生きものが数多く棲み、連鎖していくあまたの関係性を含むからこその「にごり」だ。

記者の話を聞きながら、私の頭の中に蘇ってきた光景があった。春の終わりのある日、須磨浦の漁師たちと岸壁から海をのぞき込んだ時のことだ。初夏を思わせる陽気だった。水面の揺れにあわせて、反射した日光がギラリギラリと白く眼を刺していた。船をつなぎ止めるとも綱

＊——有機物量そのものを指す。
＊＊——有機物の生成速度を示す。
＊＊＊——チッソ〇・二㎎／ℓ、リン〇・〇二㎎／ℓを下限とする水質目標値を定め、環境基準（上限値）と水質目標値（下限値）の範囲内で栄養塩をコントロールすること。詳細については、以下の兵庫県環境局のウェブサイトを参照。https://www.kankyo.pref.hyogo.lg.jp/jp/mizu_dojo/leg_249/22996（最終確認：二〇二三年三月一五日）

がゆらゆらと揺れていて、その下の岸壁の肌はくっきりと一〇メートルほど、もっと下まで見えていたかもしれない、そんな透明度だった。素人目にはとても美しかった。

しかし、のぞき込んでいた漁師たちは、その透明度に首をかしげていた。植物プランクトンが増え、動物プランクトンも増え始めているはずだからだ。クロロフィルで染まった海はさらにもったり度を増し、にごる。そのような季節のはずだった。とりわけ陸の近くの透明度が高いということは、漁師たちにとっては良くないサインだった。

「きれいになって良い海になった、と言う人もいますしね、観光だったらそれでいいんでしょうけど、でも、沖縄の海のような透明度は、この海のものじゃあないし、正直、いらないですよ」

漁師の一人はそう言うと、また岸壁から海底をのぞき込んだ。

欲しいのは豊かな海。普段からそう語る漁師たちにとって、その透明度は海が豊かでないことを示すものだったのである。今の季節はにごっていないといけない。そしてそのにごりは、単種のプランクトンの爆発的増加によるものではなく、魚たちを増やすような多様なプランクトン構成のもたらすにごりでなければならない。

わたしたちがきれいな海という言葉で思い浮かべるのは、たいていの場合、海底の岩場やそこに生える海藻までくっきりと見える透明度をもつ海だろう。その時、きれいと透明は同義だ。しかし、漁獲対象となる魚たちにとって、その透明度を保つ海が住みやすい環境かといえば、必ずしもそうではない。少なくとも瀬戸内海においては、透明度ある「きれいさ」と漁師がのぞむ「豊かさ」は一致しない。それは漁師の肌感覚でもそうだし、科学的にもそうなのだ。

瀬戸内海の漁師たちが守りたいのは、地域に豊かな水産資源をもたらす海だ。ゆえに、漁師たちにとって重要なのは、汚い／きれいという二項対立的思考のもとでは一方的に汚いとみなされてしまう、生きものを育む雑多で賑やかな世界をうみだすことだ。それが漁師たちの「日々の海」の再生なのである。

豊かさと脱汚穢化

減少した水産資源を取り戻すために、陸域からの栄養塩流入を増やし、貧栄養化対策を順応的に行う。「豊かな海」を目指すという政策の大きな方針転換は、漁獲量の減少に苦しんできた漁師たちにとって、打てる手の一つをようやく打てた、というところだろう。効果は未知数だが、気候変動でさらなる不確定要素が増えているなか、とにかくできることを模索したいと考えていただろうから。しかし同時に、栄養塩管理の実施が、専門家や市民の間でさまざまな反応を引き起こしてきたことも事実だ。

各府県の関係者の受け止め方も、経験してきた歴史的背景や記憶にある海の姿、従事する仕事の内容により異なる。たとえば、同じ漁業者でも赤潮に苦しんできた経験ゆえに、栄養塩管理というアイディア自体に抵抗を覚える人びともいる。今の生業へのリスクを懸念するからだ。

また、海域のすべてが同じ貧栄養化の状態にあるわけではない。場所によって、季節によって、潮の流れによって、異なる状態の海域が複雑に入り組んでいるのが瀬戸内海の特徴だ。貧栄養化は、陸域からの河川や雨水、人間の流入の変動、低次から高次の生物相の変化、ダム建設や浅場の埋め立て、護岸工事などの環境変化などの歴史的・同時代的影響が複雑に絡む。たとえば植物プランクトンの増産を目指す、といっても、プランクトンの種類も含めて、生物相の構成は大きく変わってきた。しかも、人間側からの働きかけが、もくろみ通りの効果を生むかと言われれば、定かではない。取り戻したい漁獲量や魚介の種類の歴史的参照点を見いだせたとしても、その頃の水質や栄養塩の状況を可能にしていた環境、すなわち、干潟や海底、河川はもはやその頃の形態ではない。つまるところ、現在の環境においてその参照点に近づけるのかも、順応的管理という名の社会実験のただ中で模索し続けるしかない。解決策ではなく、社会「実験」と言わねばならない難しさがあるのだ。

しかもこの社会実験では、私たちが平生埋め込まれていた秩序を確認し、他者が依拠する秩序と交流しながら、みずからの秩序を再構成することも求められる。瀬戸内海の栄養塩管理は、海の環境ガバナンスを牽引してきた秩序、きれい／汚いに、豊かさというもう一つの柱が加わることで、人びとが依拠する複数の秩序の所在が露わになった例とも言える。漁師たちが埋め込まれてきた「豊かさの秩序」にそった政策は、きれい／汚いを当たり前だと内面化している人びとにとって、違和感のあるもの、もっと言えば、のぞましくないものに映る。漁師にとっては逆に、海の生きものや資源の貧しさを表すのが、きれいさを支える透明度や色味なのだ。異なる秩序の中にある人びとがいかに対話し、海のための秩序を再構成できるのか。きれい／汚いという秩序は、感情や感覚の在りようを深く左右するから、合意形成の難しさも引き連れてくる。

おまけに、この緊張関係は、表面的な海の様相を問うものではない。瀬戸内海に棲まう数多くの生きものたち、私たちの文化を支えてきた生きものたちと、どのような関係性をこれまで結び、これから結びたいのか。海との付き合い方、海という存在そのものとの関わりを私たちに問うものだ。

もっとも、漁師たちは栄養塩管理ですべてが解決するなどとは思っていない。むしろ、安易な解決方法と見てしまうことを警戒している。それというのも、前例があるからだ。

かつて「瀬死の海」と呼ばれた時、目に見えて汚く、生きものたちの死骸で、ヘドロで臭くなった海の一部は、人びとから疎まれ、埋め立てられて整地された。埋め立ては、汚れを手っ取り早くぬぐいさる手段であり、利用できる土地という新しい資源を生み出す手段でもあった。今、埋め立て地に囲まれた水域には青い水が広がり、一見きれいだ。だがその青さは、貧酸素状態を繰り返し、魚も貝もいなくなった青さでもある。それは、汚れたもの、すなわち、のぞましくないもの、（人間にとって）生産性のなくなった荒れ地、うつくしくないもの、忌避したいものとして海を簡単に見えなくし、さしあたりきれいにしようとした結果だった。一見、合理的で手っ取り早い解決方法に見えた埋め立ては、移動しながら生きものの生命を奪う貧酸素の塊を生む装置になってしまった。

青い水域を身近に見るからこそ、漁師たちは栄養塩管理が万能薬になると考えているわけではない。海は人間がたやすく管理できるようなものでなく、むしろわからないものであらねばならないし、そうあることが普通だと言う。漁師たちは言う。魚との知恵比べもうまくいかないことが多いのに、どうして海について人間が「わかる」なんて言えるだろう。わかっていることなんて、微々たるものでしかない。わからないからこそ、わかるところを大事にする。その繰り返しが、海との暮らしだ。

汚れをぬぐう。きれいにする。手っ取り早く脱汚穢化しようとしても、良いことはおきない。汚すのはあっという間、戻すのは一〇〇倍、いや、もっと大変。わからないところが多いのだから、当然のことだ。栄養塩管理もまた、手っ取り早い万能薬たれと願ってしまえば、かつての埋め立てと同じことになってしまう。

だから栄養塩管理を安易な脱汚穢化の手段としてはならない。人間がわからないような、奥深く捉えがたい海の懐から、生きものは再び生み出されてくる。その根本的な潜勢力のようなものを、豊かな海として育まなければならない。日々、奥深い海との応答に心を躍らせ続けられるように。そう願いながら漁師たちは海に出る。

世界的にも類を見ないと呼ばれる水産資源を誇ってきた瀬戸内海。今年の春もサヨリは水底から水面に戻ってきただろうか。天然のワカメも今を盛りと水底に揺れているだろう。残り少ない、冷凍保存していたデビラ*をあぶりながら、春の瀬戸内を思う。もう少ししたらギザミ**も食べられるかな。チリチリと音すらも香ばしい、瀬戸内の水底からわきあがる、海の力の証。人間が奪ったその力を、少しでも取り戻す。栄養塩管理という社会実験は、まだ始まったばかりだ。

参考文献
星野芳郎(一九七二)『瀬戸内海汚染』岩波書店
瀬戸内海水産開発協議会(一九七〇)『公害にさらされる瀬戸内海の漁業:現状と対策』瀬戸内海水産開発協議会
瀬戸内海汚染総合調査実行委員会編(一九七二)『瀬戸内海:汚染総合調査報告』瀬戸内海汚染総合調査団

*――瀬戸内海には豊富なカレイ類が棲息している。その一種、タマガンゾウビラメを干した干物で、尾道名物。固いので、トンカチで叩いて柔らかくしてからあぶると、まるっと食べられる。
**―キュウセンのこと。ベラとも言う。関東では食べないが、瀬戸内海では食卓に並ぶ。焼いて麦味噌と一緒にすりつぶして湯を加え、麦飯にかける料理をさつまと言う。筆者の大好物。

のぞきこむ――農業危険物との遭遇

オスカー・レン

接触と忌避

まず、実際にあった二つのエピソードを話しておきたい。

一つ目は最近のフィールドワークの話である。晴れた四月上旬の日に、農業実習生のインドネシア人と二人で軽トラに乗って、田んぼや畑が山のふもとまで広がる谷を通っていた。村の農業の中心的存在である、とある農家を一年お手伝いすることになり、フィールドワークの本番がやっと始まったというところで、春の天気と同様に気持ちも晴れ晴れとしていた。隣に座ったインドネシア人は道路の左にある三軒のビニールハウスを指さして、その横に止めて、と指示した。軽トラが止まった瞬間に彼はドアを開けて荷台にある噴霧器と透明の液体が入ったタンクを出して道路に置いておき、素早くコードを引っ張ってエンジンを回す。インドネシア人が作業をするところを観察し、少しメモを取ろうと思い、私も軽トラの後ろに回って噴霧器横の手帳の入った布バッグを摑んだ。

その瞬間に、バッグがびしょびしょになっていたことに気づいて、パニックになる。バッグは今まさにインドネシア人が散布している除草剤が入った噴霧器のノズルの横にあった。濡れたバッグを開けて、液体で表紙の色と中のページが滲んでいる手帳を素手で取り出した。手帳の湿気が感じられる。ピリピリとした感覚が手帳に接触した指、手から腕の方に登っていく。手帳を濡らした液体が除草剤であることを強く感じる。痛みというほどではないが、イラクサに刺されたかのような痒みが意識の仕方で強まったり静まったりしている。それは、結局うちに帰ってようやく手が洗えたときまで残っていた。噴霧器→手帳→手というルートで除草剤の「汚染」が拡散したことを実感し、それによって普段より手から目、口といった繋がりが意識されて、他の敏感なところを手で触らないように気を付ける。二〇メートル離れたところで、一緒に作業していたインドネシア人は長靴、作業着、顔すら除草剤の液体が少しかかっているにもかかわらず、平然とハウス周辺にある雑草に除草剤を撒いていた。繰り返し薬剤を使うと人には強い耐性ができるのか、そのときふと疑問に思ったことがフィールドノートには記してあった。

二つ目は五年前、イギリスの大学に付属している植物科学研究所で行われたエピソードである。修士学生であった私は、若い男の人に案内されて、研究所の施設を見学していた。LED照明と高そうな機械が並んだ部屋や膨大な温室など、コンクリート、スチールやグラスに覆われる敷地を通りながら、そこで利用されている作物育種の方法に関する説明を聞いていた。ツアーの最後には温室とビルの迷路から抜けだして、敷地周縁の田畑がならんだ場所に着いた。畑の内、特に一つの区域が目立っていた。そこで栽培されているジャガイモは見たところ平凡なものであったが、他の畑と異なって四方と上部がワイヤーフェンスで囲まれて、ケージにされていたのである。案内してくれている男性は、ジャガイモを指して、この畑で生えている作物はここまで見てきた交配・選抜による品種改良とは違って、遺伝子組み換えでできたものである、と説明した。

研究所で栽培されたジャガイモとそれを囲むケージを見たときに何を感じたか、はっきりした記憶はない。しかし、その作物と私たちのいる世界の間に境界があることに対して安心感が湧いた覚えがある。そのときは（もしくは今振り返ってみると）ケージは危険になりえるものを封じ込めるため、言い換えれば決まった空間の内に押し込めるためのものなのだと私には思われた。周りの自然環境だけでなく、人間の身体へも、そこから汚染してしまう可能性があるからだと思った。しかし、案内してくれた男性に後からメールで連絡したところによると、遺伝子組み換えに反対する組織が作物を破壊しようとすることを防ぐためなど、ケージは外部の危険から遺伝子組み換え作物を守る役割であったことがわかった。つまり、彼にとってはこの栽培品種は環境や人に対する脅威を与えるものではなく、ケージはむしろ遺伝子組み換え植物とその研究の進歩を、それらを妨害するものから守っているものであった。

ケージに囲まれたジャガイモは私にとって遺伝子組み換え作物との最初の出会いであった。

それ以前にもニュースなどで議論されていたにもかかわらず、実際に直面することは殆どなかったので、以上の体験は強く記憶に残った。もちろん、できるだけそのような食品を消費したくない、という気持ちはそれまでにも強くあったが、イギリスの法律によって、遺伝子組み換え作物は遠隔育種のような仕組みで規制されており、食品のラベルの表示以外は、近づくことや、もちろんそれについて考えることもあまりなかった。私と遺伝子組み換え作物との間には、滅多に直面しないものへの危惧とあわせて、直面していたとしてもどのような恐怖につながっているのかすぐにはわからない危険物への回避（いわば忌避）といった二つの関係性がある。

除草剤耐性作物に潜む複数の不安

以上の二つの話は振り返ると、共通するところがあるように思われる。除草剤と遺伝子組み換え作物は近代農業の「怪しい」側面であり「不自然」で危険な（危険になりえる）ものとして避けようとする気持ちが確かにあった。一方で、それぞれの経験を掘り下げると少し違ったりもする。除草剤はその危険性がはっきりわかる。液体に接した皮膚の感触からも、その違和感に気づける。一方で、遺伝子組み換え作物の危険は具体的にどこにあるか言葉にできない。実際に遺伝子組み換え作物が入った食品を食べたことがあるか（ない可能性は非常に少ない）さえ知らないし、仮に食べたとしても、どのような（身体的、感情的）な感覚が湧いてくるのか想像がつかない。つまり、個人的にはいずれも忌避すべきものだと感じながらも、片方の除草剤だけは触感と直接に結びついており、接触したからこそ、どのように忌避すればよいかわかった。遺伝子組み換え作物の危険性はどこにでもあるにもかかわらず、不安の対象ははっきりとしていない。近代農業においては、接触できるもの、危険性の実態が不明瞭なものという二つの種類の不安がみられるが、それらは重なっているともいえる。

私の個人的な経験以上にも除草剤と遺伝子組み換え作物は切っても切れないものである。耐塩性や干ばつ耐性の品種開発が気候変動の対策となるというような言説が前世紀からニュースなどに流れているが、実は農林水産省によれば、遺伝子組み換え作物が世界中で栽培されている面積から換算すると、除草剤耐性の品種（あるいは害虫抵抗性の形質も併せ持つ「スタック*」された品種）が圧倒的に多いという。★1 この除草剤耐性（herbicide tolerant, HT）品種はグリホサート及びグルホシネートという非選択性除草剤から影響を受けないような遺伝子が導入されたため、一つの除草剤を散布するだけで畑から「好ましい」作物以外のものを取り除くことができ、農業の起源以来、農家を悩ましてきた雑草との争いに関して、農家の負担を一段と軽くしたものであった。

一般的に恐れられているわけではないものの、HT品種は遺伝子組み換えと除草剤という二つの危険性を同時に持ち得るものであるといえる。HT品種の悪影響を表明した論文をめぐっての混乱は、その二つの危険性について考えるにあたって興味深い。ラウンドアップという除草剤が撒かれたHTトウモロコシを二年間食べさせられたネズミの健康への影響を考察した、この論文★2は当時、科学者にもメディアにも強い反応を呼び起こしたが、結局、サンプルサイズが少ないことを理由に確固たる結論がないものとジャーナルに見なされたため、論文が撤回された。

論文の研究結果を報道したとあるフランス語雑誌は「Oui, les OGM sont des poisons!」（まさしく、遺伝子組み換え作物は毒薬だ！）というヘッドラインを出した[★3]。遺伝子組み換え＝毒薬、という対応関係をはっきり述べているところが非常に興味深い。しかしながら、論文自体を読むと、遺伝子組み換え作物を食したネズミへの悪影響はラウンドアップから生じているか、それとも作物に導入された遺伝子自体が病気の発生に関わっているのか、いずれも仮説として取り上げられているものの、確実な判断要素はないのである。「毒薬」というタイトルには危機感が示唆されており、だれでも即座にその危険性を見てとるものの、実際には前述の論文内容そのものは非常に不確実なものであったのだ。

そのことが示すように、HT品種には様々な不安が凝縮されている。私が出会った遺伝子組み換えのジャガイモと同じように、作物（そして特定の作物を栽培できる権利）を守りたい人と、作物（消費者の立場における身体への侵入）から守られたい人がいて、いずれも回避のロジックが背後にある。

＊――スタック：遺伝子組み換えの分野において、「スタック」というのは一つの植物の品種に、二つ以上の特性を持つ遺伝子を組み込むプロセスを示す。このように、例えば、除草剤耐性の遺伝子と、害虫抵抗性の遺伝子が導入された品種は両方の性質を持ち、この性質が「スタック」（積み重なる）するようになる。

しかしながらそれに加えて、実際に接触したら身体がどう反応するか、という他の不安も潜んでいる。「スタック」された遺伝子組み換え作物の特性と響き合うように、不安が積み重なってくる。また、上述の経験が示唆したように、もし除草剤と遺伝子組み換えに対して（少なくとも私の）別の不安感、ものの接触と忌避の仕方があるとすると、このような不安はどこで生じるのか、そしてどのように交差するのか。

境界をぼやかす遺伝子組み換え

遺伝子組み換え＝不自然。簡単な図式ではあるが、それほど抵抗のない見方であるだろう。遺伝子組み換えを含めるバイオテクノロジーの取り扱いを規定するカルタヘナ議定書*を読むと、遺伝子組み換えを含める「モダン・バイオテクノロジー」の定義に「自然の生理的かつ生殖的、そして交配のバリアを乗り越える」という項目がある。このことは、自然↕不自然の対照を前提にしているとともに、自然にある品種の再構築を示唆する。植物科学研究所を案内してくれた研究者も、遺伝子組み換えのジャガイモはジャガイモの仲間から遺伝子が導入されたので、「遺伝子組み換え」と呼ぶのは「おかしい」と言っていたが、ここにも同様の見方が表れている。ネガティブな意味があるかどうかはともかく、遺伝子組み換えは自然にある品種と品種間の（固定的な）境界を超える行為であるという位置づけに抵抗がないようだ。

この自然・不自然という二分法をベースに、遺伝子組み換え食品をめぐって様々な反対がなされた。一九九〇年代から流行した、遺伝子組み換え食品をめぐった「フランケンフーズ」（「Frankenstein（フランケンシュタイン）」と「foods（食べ物）」を組み合わせた造語）の言説は一つの事例である。フランケンシュタインの怪物と同じように、遺伝子組み換えのものはもともと組み合わせられるはずがなかった部分が無理やりに組み合わされて、その結果、いびつで危険な生き物ができた。メアリー・シェリー＊＊が警告したように、人類がもつ権力の制限が超えられ、その影響は凄まじい、という意味合いがそこには含まれている。確かに、私の遺伝子組み換え作物に対する反応はフランケンシュタインが自分の作った怪物に反対するのと似ているかもしれない。ジョン・ハリスの言うところの、思考もともなわない、ただの「本能的な敵対」だ。★4

このように、遺伝子組み換え作物は、（生物学的な）世界の前提となる、固定的なカテゴリー化を本質的に崩壊させるようにみえるし、また、遺伝子組み換え問題は純粋・不純の区別と深く結びついている。遺伝子組み換えは世界の自然秩序を乱すものとして、タブーであるとも指摘

＊——正式名称は「生物の多様性に関する条約のバイオセーフティに関するカルタヘナ議定書」。二〇〇三年発効。二〇二三年四月段階で一七一カ国及び欧州連合、パレスチナが締結している。
＊＊——メアリー・シェリー（一七九七–一八五一）：ロマン主義のイギリス人小説家であり、同運動の詩人パーシー・シェリーの妻としても知られている。ゴシック小説である「フランケンシュタイン」は最も知られている作品であり、天才の科学者がいくつかの人間の死体をつなぎ合わせ、怪物を創造するストーリーには、啓蒙思想の可能性と危険性、また人間の本質などというテーマが取り上げられている。

できる。私の個人的な反応にも、技術の導入以来続いている熱心な反対活動にも、タブーを破るときに生理的に湧き上がる嫌悪感がみられる。しかも、遺伝子組み換えが乱した秩序を取り戻すのは不可能である。新しい遺伝物質が組み込まれた作物を通じて、研究所から「ワイルドな環境」に開放されると、固定したはずだった品種間の境界が崩壊されたままになり、「取り返せない遺伝子の流れ」が始まる。★5

フランケンシュタインの怪物が奔放に動き回っているようなイメージは、品種定義以上の、ひろがる汚染や越境の有り様を指し示す。人間（それとも怪物）と違って、種子は植物科学研究所で見たようなケージに封じ込めることは難しい。畑と畑の間の境界は脆弱である。HT種子が飛散によって畑から出て発芽するのは珍しい現象ではなく、このような「種漏れ」や「種子逃避」によって遺伝子組み換え作物から雑草や仲間の品種へ遺伝が流れることもすでに指摘されている。また、この「汚染」は空間的だけではなく、時間的な次元にも関連している。例えば去年（それともそれ以前）の作物からできた種子が圃場《ほじょう》に残る「ボランティア作物」の存在、そして（HT品種であるため）それらは除草剤で取り除けないことも、遺伝子組み換え作物の管理・封じ込めの難しさを示唆する。

種子散布は（風などによる）「自然の方法」に限定されているわけではない。例えば、当時一般栽培が禁止された遺伝子組み換えセイヨウナタネが輸入された日本の港の周辺で、種子が港のあたりだけではなく、運輸されていた道路の横にもこぼれおちていて、輸送経路のあちこちで発芽したものが発見された。そうしてそれによる雑種化の可能性が指摘されている。つまり、畑からの「逃避」だけではなく、種子上の国境の脆弱性を示唆する。このように、人間の流通システムが種子散布と合流するようになるのは、複数の境界をぼやかす遺伝子組み換え作物の性質を象徴しているといえる。

脅かされる人間性

遺伝子組み換え作物を不自然なものとみなす前提には、品種間の純粋性が維持されるべきという考え方がある。しかし、生物学的にみる品種間の境界はもう少し複雑である。生物学史・生命倫理学を専門とするジェイソン・ロバートとフランソワーズ・ベイリスによると、「品種」は普遍的であり、固定的な概念であると広く理解されていながらも、生物学に利用されている品種の定義が様々あることが示唆するように、かなり流動的な概念であるようだ。ロバートとベイリスはまた、品種の越境はかならずしもすべてに同質だとされているわけではなく、特に人間の「品種アイデンティティ」の保護が重要だと述べている。生物学的には一義的な「人間性」がないにもかかわらず、人間と非人間の間の道義的な区別は強く維持されなければならない。固定的とされている人間性が人間・非人間の境界を超えたハイブリッドの出現で崩壊する可能性があれば、人間にとって動物間の異なる存在的意義（ペットと肉用家畜の違いなど）と道義的責任というある種の人間による境界線が壊され、人間・非人間の間における道義的な混乱を呼び起こす。

人間・非人間の動物の間にある、はっきりとされている（しかしながら脆弱な）倫理的境界線を突破するとその影響は大きい。それは、新しい生き物に対する責務の整理のみならず、特定の人間・非人間の動物に対する、私たちの現在の行動様式を再考することが必要となる。他に指摘されているように（…）人類の独立性は不安定で簡単に失われるものである：そのため、厳密に守られるべき境界線が必要となる。[★6]

ロバートとベイリスは特に人間・動物の関係性について語っているが、人間・植物の関係性はどうだろうか。遺伝子組み換え作物は人間と植物混合となっているものではないものの、一義的な人間性を曖昧化する、人間性と植物性の絡み合いと捉えてもいいかもしれない。遺伝子組み換え作物は人間の直接な介入（特にＣＲＩＳＰＲ[*]の利用で）によって作られたものであり、そこでの人間は育種者というよりも設計者であって、フランケンシュタインと怪物のような、創造主と創造物の間に生じる責任関係のなかにある。さらには、その創造物は毎日消費する食品に入っていて、創造主の身体の一部分にさえなっているのだ。

遺伝子組み換え作物は人間と植物の境界を曖昧にすると考えると、どのような道義的な混乱が生じるだろう。様々な生き物との関係性をごちゃごちゃにする人間・動物ハイブリッドほど道義的な混乱を作り出すことはないだろうが、自然と離れた一義的な人間性を弱体化することで、いくつかの問題を起こすといえる。例えば、畑以外の「ワイルド」な環境に漏れてしまった遺伝物質に対して、従来の品種改良でできたものと異なって、どのぐらい道義的責任を持つ（べき）だろう。また、植物と人間が同一化していないにもかかわらず、以上のセイヨウナタネの話のように、人間の商品流通システムと種子の散布システムがハイブリッド化しかけているとすると、私たち人間（それとも自然界？）はどこまでそれを許すのだろう。また、遺伝子組み換え作物の消費に関して考えると、栽培や保存の環境で生じる悪影響と異なって、品種の「設計」に関わっている会社が作物の遺伝子構造に手を入れることに対して、消費側はどれほど作物の本質自体に「設計者」の（ネガティブな）志向性を捉えることができるのか。例えば、身体をコントロールするマイクロチップがワクチンに入っているというような陰謀説と同じように、真偽はともかく植物に人間の主体性が察知されるような仕組みを取り入れるようなことがあるとすれば、問題ともなりえる。そのような悪意のある設計を我々はどれほど読み取ることができるのか。

*――CRISPRは一種のDNA配列（CRISPR: Clustered Regularly Interspaced Short Palindromic Repeats）と特定の酵素からなる、ゲノムを編集できるシステムの総称である。以前の技術よりも、ゲノムの正確な部分を編集できる方法として、期待されている。

マーカーが付いた危険

ここで、品種改良によく使われている「マーカー選別育種」のことが思い浮かぶ。DNAのマーカー選別技術は従来の品種改良よりも効率的な育種方法だが、その特徴としては、好ましい（例えば病気に強い）遺伝子をどの品種が持っているのか、「マーカー」の有無によって調べられるということである。とすると、直接見られない遺伝子を突き止めるマーカー選別技術は、混乱と絡み合っている「不自然」な遺伝子を摑むためのプロセスとして相応しいのではないか。

そのような観点からHT品種と除草剤の関係性をみていきたい。除草剤に入っている危険な要素がどのようなものかははっきり理解していないものの、それでも除草剤と自分の身体の関係性はシンプルに捉えられる。危険物であることが実際に知覚できる液体を消費してしまった場合、吐き気、頭痛などといった症状が出ることは、表示のラベルにも書いてある。農業従事者にとっては頻繁に接触するものであるため、例えば私と一緒に作業していたインドネシア人のように、どの家庭にもある漂白剤の危険性と同程度の「既知危険」として扱う場合もあるだろう。また、除草剤は（自然のものを対峙するものとして）不自然性があるものの、タンクに入れたり、危険のラベルを貼ったりできる、コントロールできる物質であるので、奔放に動きまわることがない。一方で、様々な混乱に結びついている遺伝子組み換えの要素は、不安となる不自然性を持ちながら、植物という、自由に蔓延《はびこ》る性質を持つものに結びついているため、コントロールできない。それは、知ろうとしても摑みきれない、奔放自在な「未知危険」といっていいだろう。

遺伝子組み換え作物（それとも導入された遺伝子）と除草剤という、HT品種に潜んでいる関係性はマーカーで選別される遺伝子との関係性と共鳴する。つまり、HT品種に必ず使用される除草剤はケージでも封じ込められない遺伝子組み換えの脅威を指摘するマーカーとなり得るのである。無差別に混乱を呼び起こしうる遺伝子組み換えの危険性も、「毒薬」のような、人体に危害を及ぼすことが明確であるものとの確実な接触によって、実態を摑むことが可能になる。つまり、「未知危険」は「既知危険性」によって具現させられ、確実に語れるようなる。我々にとって除草剤はマーカーできるものであり、それと結びつくことによって、HT品種のような不確実なものの実態を浮き彫りにしようとすることは可能なのではないか。

このように、HT品種に除草剤を撒くことで、畑で蔓延するごちゃごちゃした品種のジャンブル（寄せ集め）から、好ましい作物だけが残されると同時に、道義的にも、遺伝子組み換えの輪郭が見られるようになる。また、「マーカー」が付いていることで、導入された遺伝子の動きもが辿れるようになり、植物間の品種境界が崩壊されたものが、商品の消費などによって、人間性を脅かすルートにも気づける。つまり、除草剤が撒かれた作物を回避することができるようになり、漂白剤のように、口に入れないように気を付けるなど、簡単にコントロールできるようになる。

おわりに

　以上、個人の体験から湧き起こった二つの不安感の重なりを考えてみた。遺伝子組み換えに対する恐れが、除草剤を通して自分が摑めるような形をもったところで、何が共鳴していたのかが少しわかってきたように思う。現在主に利用されている遺伝子組み換え作物はＨＴ品種であり、それがマーカーによって識別できる事実を考えると、少し安心感がある。

　とは言うものの、自分の畑での具体的な行動を考えると、「識別できる」からといって、除草剤を使用して「識別したい」というわけではない。身体で「毒性」のわかる除草剤は依然として避けたい。そうして一つの危険性から身を守りながら、それと同時に遺伝子組み換え作物にも不安を感じ、敬遠する。フランケンシュタインの怪物にはもちろん会いたくないが、何かによって感知でき得る世界に生きたいというように、対応できるという知識で、安全を確保する。その二つの態度は矛盾するかもしれないが、危険性が複雑に重なっている環境では、身体的・感情的な反応も複雑化する、と捉えていいだろうか。

　しかも、遺伝子組み換えに対する不安は完全になくなったわけではない。除草剤は完全なマーカーではない。畑の周縁に逃れていくもののように、この粗描で描いたあらすじも、紙上の枠組でしかないのかもしれない。実際にこの目でその生態を確認しない限り、「本能的な敵対」はまた湧き上がってくるだろう。遺伝子組み換え作物はずっと開発され続けており、ＨＴ品種よりも広く拡散する、異なる個性のあるものはいつか出現するだろう。自由に動き回る遺伝子への不安感は、その生態系と呼応するようにとどまるところがないのである。

★1—農林水産省（二〇二〇）『「遺伝子組換え農作物」について』（https://www.affrc.maff.go.jp/docs/anzenka/attach/pdf/GM1-1.pdf）。もっとも遺伝子組み換え作物を利用する米国における、除草剤耐性品種、害虫抵抗性品種、そして両方の形質を持つ品種の栽培率については以下を参照：https://www.ers.usda.gov/data-products/adoption-of-genetically-engineered-crops-in-the-u-s/recent-trends-in-ge-adoption/

★2—Gilles-Eric Séralini et al (2012), "Long term toxicity of a Roundup herbicide and a Roundup-tolerant genetically modified maize". *Food and Chemical Toxicology*, p.50.

★3—https://www.nouvelobs.com/sante/ogm-le-scandale/20120918.OBS2686/exclusif-oui-les-ogm-sont-des-poisons.html

★4—John Harris (1997) *Clones, Genes and Immortality: Ethics and the Genetic Revolution*, Oxford University Press, p177. この「本能的な敵対」はハリスが人間・動物のハイブリッドをめぐる反応を説明するために利用したフレーズであるが、遺伝子組み換えへの反対にも合致する。

★5—Glen David Stone (2010), "The Anthropology of Genetically Modified Crops". *Annual Review of Anthropology*, 39, p.386.

★6—Jason Robert and Françoise Baylis (2014), "Crossing Species Boundaries". In: Ronald L. Sandler (ed), *Ethics and Emerging Technologies*. London, Palgrave Macmillan, p.148.

ゆだねる――よだれかけと「ちぐはぐなイメージ」

中村沙絵

よだれかけ

初老のアントニーとは二〇〇八年から親交があった。スリランカ南西海岸でのホームステイ先のお父さんの叔父にあたる。親戚からは「スドゥ・バッパ（白いおじさん）」という愛称で親しまれていた。物静かで穏やか、ユーモアのセンスは抜群。対照的に、強気で快活な妻のパドマニを、とても大事にしていた。私のフィールドノートには、「関節炎で困っていると、スドゥ・バッパが洗濯をして、紅茶を淹れてくれた」などという、パドマニの惚気《のろけ》のような言葉が記されている。まさにシンハラ語でいうアーダレー、愛に満ちた人。

そんなアントニーの「よだれが止まらなく」なり、パドマニが彼を病院に連れて行ったのは、私が長期フィールドワークを終えて日本に帰国した二年後のことだった。診断は「パーキンソン病」。症状は徐々に進行し、二〇一八年の秋頃から急激に悪化。二〇一九年五月頃には寝たきりとなり、意思疎通もままならなくなったという。出産・育児もあってなかなか調査に行けなかった私は、結局アントニーやパドマニと腰を据えてゆっくり話す機会をつくれぬまま、二〇一九年の夏を迎えてしまった。私がスリランカを訪れたとき、アントニーは既に亡き人になっていた。

姪にあたるホームステイ先のお母さんと一緒にパドマニを訪ねる。アントニーとパドマニには子どもがいない。パドマニはコロンボ郊外に立つ平屋の自宅に一人暮らし。私たちの来訪のことは電話で伝えていたものの、実際に会うと込み上げるものがあり、互いに身体を寄せたり、さすったりしながら、笑顔で挨拶していた顔もみるみるうちにくしゃっと泣き顔にかわる。

アントニーの最期の話になる。なかなかお通じがなく、四日も五日も経ってものすごい量の便を漏らし、部屋中が汚れたこと。介護中、パドマニも調子を悪くして入院していたこと。近所に住む人たちが、糞尿にまみれた彼を洗って、服を着せにきてくれたこと。親戚はほとんどこなかったのは腹立たしく思っていること。パドマニはそれらの日々がいかに辛いものであったか、感情と嫌悪感をむき出しにして話す。

よだれ！！！　これはただの苦しみではなかった。このような苦しみは私以外には経験したことがないと思う。よだれが溢れるのよ……ここから……（口の端に触れる）。

私は彼の口にずっと、布を当てておかなければならなかった……

唾液は口を潤すために分泌されるもので、普段は意識もせず飲み込んでいるため垂れることはない。しかし、口周囲の筋力が低下して口を閉められなくなったり、飲み込む回数が減ったりすると、流れ出てしまうのだ。

パドマニは寝室に行き、棚から白いビニール袋を手に戻ってきた。彼女が袋の中から取り出したのは、丸っこくて小さいよだれかけ数枚。きれいに畳まれていた。少しくたっとした生地は何度も洗ったせいだろうか、ところどころ色が薄くなっている。薄いピンクのタオル地でできたそれらの中央には、小さいブドウや、妖精の顔の模様が縫い付けられている。デザインからして、幼児用のよだれかけに間違いない。パドマニはこれらを手に広げてみせ、椅子の上に並べると、「本当に大変な思いをした……」と、むせび泣いた。

アントニーが清潔に気を配る人だというのは、親戚のあいだでは有名な話だった。例えば彼は、死期が近いことを悟ったとき、「埋葬するときは、何が埋まっているかわからない共同墓地の土を掘り返し、棺の上にかぶせるのでなしに、海岸から運んできた白砂で棺の周りを埋めてほしい」と甥に真剣に頼んだという（そして実際そのように埋葬は執り行われた）。あるいは彼には、腰巻布を手指ではなく、両肘でぐりぐりっとあげる習慣があった。若い頃印刷会社で働いていたときに、インクで汚れた手で服を汚すことをひどく嫌い、いつも肘でズボンをあげていたの の名残だという。言葉数も出かける頻度も減り、常時腰巻布を着るようになってからも、彼の身体に深く染みついたその記憶は抜けることがなかった。ぐりぐりっと腰巻布をあげる彼の動作を私も記憶している。

しかし、そんな「きれい好き」なアントニーの口からよだれが溢れ出る光景を、私は見ていない。パドマニの怒ったような泣き声の先に、かわいらしい刺しゅうの模様、くたっとしたタオル地、若干ねじれた綿の紐、このよだれかけを首に巻いたアントニーが、よだれを垂らしている姿を思い浮かべようとする。でも、どうしてもちぐはぐな感じがして、それらが一つの像を結ばない。

福音

だからあれ以来、よだれの記述を本に見つけると、反応してしまうようになった。難病の筋萎縮性側索硬化症（ALS）を患った自身の母親を看取った川口有美子さんの『逝かない身体——ALS的日常を生きる』（医学書院、二〇〇九年）は、一ページごとに未知の世界が開示される感動的な著作だったが、そこにも「1リットルの唾液」という短い節がある。

医師に言わせればよだれの問題は水分補給の問題で、さほど心配することではない。とはいえ、唾液は「患者にとっても介護者にとっても不愉快」（一四九頁）なので、手をかけて介護する対象になる。その処理方法は様々で、「人柄がにじみ出る」（一四九頁）。吸引機で（ときに涙と一緒に）液体を吸う人。ティッシュでその都度拭きとる人。ガーゼをくわえさせ、これを交換する人。首に巻き付けたタオルにしみこませる人。これが二〇〇〇年代に入ると、ALS患者や介護者のアイデアから製品化された吸引装置が出回り始める。更にこの本が出版された翌年には、特別なカニューレを用いて気管からの低圧持続吸引をする「自動吸引装置」が製品化されている。

その実用化を待ち望んでいた川口がこの装置を「福音」（一五〇頁）と呼んでいることは、他の数多くの心配事、対処が必要な事柄と同じように、「よだれを拭く」という一営為がいかに大変かを物語るともいえよう。* 同時に、技術が製品化される背景には、患者や介護者などの当事者が、ときに生きていくことに絶望しながらも、具体的な課題を一つ一つ解決していこうとした無数の軌跡があるのだと知る。私は、パドマニがその試練において独りではなかったと感じて、少し安心する。

だが、その「福音」が当時、パドマニの手元にあったらどうだったろう、と考えなくもない。スリランカではオムツを筆頭に介護用品は値段が高く、都市に住む一部の人、子どもが海外から介護用品を送ってくれるような家庭を除いてはなかなか手が届かない。私が目にした多くの介護の現場では、あり合わせの材料を寄せ集めた器用仕事的な道具や、それからもちろん介護者自身の身体の一部（手や口）を用いて、日々のケアが行われていた。よだれは垂れ流され、拭きとられる。痰はハンカチで拭われるか、直接鼻に口を当てて吸引される。

器用仕事的な、あるいは身体を張った介護が悪いのではない。実際私はそうした（同地の老人ホームでは見られなかったような）行為を在宅ケアにみて、小さく感動もしたのだった。

けれども、パドマニの怒るような泣き声を思い出しながら、例えば「福音」について書かれた文章のようなものを読むと、技術のもつ影響力の大きさを思わずにいられない。

そういえば、川口の母親と同じくＡＬＳ患者となったピーター・スコット＝モーガン氏[★1]のことを知ったときは驚いた。ロボット工学を専攻していたという彼は、身体がまだ動いているうちに、先手を打つように身体の機能を機械に置き換えていった。食べられなくなる前から胃ろうを、自分でトイレにいけるうちから膀胱ろうや結腸ろうを完備。腸に直接つながれたカテーテルは車いすの後ろまで糞便を運び、そこに「無臭の固形物」が溜まる仕組みになっている。喉にはカニューレ。食道と気管は切り離され、空気を送る装置が気管に接続される。身体と一体化した車いすロボットに格納された生命維持装置は二四時間体制で彼の呼吸を支え、水分を補給する。

彼は機械だけでなくＡＩとも融合しつつあった。気管カニューレを挿入した彼は殆ど声を失ったが、代わりに目の動きで入力された文章がＡＩ搭載会話システムに入力され、彼の地声や表情を模倣したＣＧアバターが発話する。彼が考えていたのは、ともに生きるにつれて、彼の思考法や感じ方を学んだＡＩが、次第に本人と見分けがつかなくなるような将来だった。車

*——この自動吸引装置はよだれだけでなく、主に痰の吸引を持続的に行う装置である。

いすに寄っかかるようにして立つ彼の前には、液晶の画面があり、彼のアバター「ネオ・ヒューマン　ピーター2・0」がこちらを向いてしゃべっている。

私は、自分の肉体に閉じ込められてしまう現実を変えたかったのです。ALSだけでなく、事故や病気や生まれつきの障害、老化や認知症もそうです。究極的には、誰もがそういう不自由さから解放されるべきです。幸運にも私はその第1号となりました。〝ネオ・ヒューマン〟として、未来に飛躍する最初の実験です。もちろん怖いですよ。しかし、絶望のさなかでも常識を打ち破り、宿命にあらがい、自ら運命を切り開くことで生きた証しを未来に残せるかもしれません。そのとき、私たちはすべてを変えられるのです。[★2]

絶え間ない「対話」

技術は小さな希望をもたらす。それはときに人生をひっくり返してしまうくらいの、強いインパクトをもつのかもしれない。

パドマニにとっては、徐々に進行する病気の不条理さを表すその最たるものが排泄の失敗や流れ出るよだれだったのだろう。そして、「よだれが口の角から溢れ続ける」事態に、来る日も来る日も対処することになった彼女の手元に供されていたのは、幼児用のよだれかけと、普段使いのハンカチくらいのものだった。心もとない。絶望したかもしれない。

ただ、いくら技術や装置を駆使したところで、病気の不条理さや身体の過剰さから「解放」されるわけではない、というのもまた事実である。

第一に、新たな道具を生活の一部に取り入れるか否かは、患者本人にとってはときに苦渋の決断、しばしば「共存のための妥協策」として受け入れられる、ということがある。例えばまだ少しでも身体が動くときに、身体機能を補うような技術や装置を取り入れることは、そうした残存機能を手放して「障害者」になることだと、消極的に捉えられることが多い。川口は、普通のトイレで用を足すことにずっとこだわっていた母親について、周囲の者たちの腰痛や疲労や友人の滑稽な排泄介助といった事態を経て、ようやく尿器をつかってベッド上で用をたすことができるようになったというエピソードを紹介し、次のように述べる。

本人に植え付けられた尊厳意識を塗り替えてもらい、生活上の優先順位も入れ替え、合理的で効率的な生活を望むようになったときに、初めて患者は紙オムツをはじめとする介護用品や医療機器の真価に目覚めていく（…）（一二八頁）

母親がトイレでの排泄を諦めたことが「介護者との共存のための妥協策」（一二八頁）であった、というのは次のように説明できるだろう。まず妥協策であるというのは、技術や装置を生活に取り入れることが、老化や身体障害に対する偏見や恐れを塗り替えることをふくめ、根本的な意識の塗り替えを要請することを意味する。[★3] そしてその妥協は誰／何のためかというと、自らの身体を健康・安全に維持するためであり、且つ、周りにいる者、大切な者たちと一緒に生きるためである。それは一緒に生きるために「ゆだねる」という行為だ。このように、新しい介護機器を取り入れることは、解放というよりむしろ妥協であり、ゆだねることでもある。

第二に、介護において新しい技術・装置を取り入れることは、すなわち（唾液や排泄物、吐しゃ物などを含む）身体の過剰さをなくすことを意味しない。それに別様に対応することだ、ということがある。先述の川口の著作や、全身麻痺が進行する自身の経験を克明に記録した人類学者、ロバート・マーフィーの著作『ボディ・サイレント――病と障害の人類学』（新宿書房、一九八七＝一九九二年）などは、ある装置や技術を取り入れることがいかに絶え間ない「対話」を駆動するかを教えてくれる。患者は、身体の各箇所が脱力し、麻痺していくのに応じるように、車いすや杖、身体に接しているシーツや枕などの物品、気管カニューレやナースコール等のために取り付けられた機械など、様々なモノを身体の一部とし、これらを介して外部の世界と交渉しはじめる。介護者の側もまた、徐々に動かせる範囲が狭まってくる患者に代わって、患者の身体、これをとりまくモノや装置、周囲の環境のインターフェースに注意を向け、あぁでもない、こうでもないと、終わりなき微調整に臨むことになる。麻痺が進行し、身体のもつ過剰さゆえの思いがけない事態（管が汚れる、抜ける、傷口が治らない、菌が繁殖する……）が起きるたび、この再身体化と微調整は試みられ、却下されてはまた新たに試される……をくり返す。このような「病んで静まった身体との対話」は最期まで活発に続いたと、川口は述べている（二一四頁）。

「君はまだトイレなんてものを使ってるのかい？　さぞ面倒だろうに」とは、スコット＝モーガン氏が彼のパートナーに言っていた冗談だ。それはすっかりサイボーグになった彼が「健常者」の常識を鮮やかに覆す言葉ともとれる。実際、彼もまたそのパートナーも、一連のプロジェクトを「謀反・抵抗（rebel）」と呼んでいる。しかしこの rebel のプロットには好んで語られない現実もあったのではないだろうか。ついそんな深読みをしてしまう。

胃ろうの傷口が治りきらないとか、管が汚れるとか、抜けてしまうことはよくあることだし、機械（管）のどこかに菌が繁殖して異臭がしてきたり、予期に反して褥瘡《じょくそう》ができたりするかもしれない。機械と合体して以降も、やはり最も身近な自然としての、水面下にその過剰さを湛えている身体が、終わりなき微調整を要請してきたのではないか。それらの要請は乗り越えられる課題として認識され、そのうちいくつかは（多くは）実際に技術的に乗り越えられただろう。ある見方をすれば、彼らの日常もまた、彼の傍で静かに微笑んでいた夫のフランシスさんやヘルパーさんを含みこむ、終わりなき脱／再身体化と微調整に満ちた試行錯誤のプロセスだったのではないだろうか。そして川口（二〇〇九）を経由するならば、それは完全な麻痺へと沈んでいく身体を／と生きながら、大切な者と共に生きるための試行錯誤であり、ある意味で精いっぱいの抵抗ともいえると思う。それは、彼らが訴えかけようとした希望を挫くようなものではない。そう考えたとき、隔たっているようにみえた「ネオ・ヒューマン」の世界と川口さんの世界、あるいはパドマニとアントニーの世界とは、互いに隔たっていながらも、部分的に呼応し始める。

嫌悪感のゆくえ

パドマニへの訪問の一場面が強い印象として残ったのは、パドマニの嫌悪感の表出による部分が大きい。彼女はアントニーへの介護について話すとき、それは耐えられるようなものではない、「誰も経験したことのない苦（duka）だ」、とあからさまな嫌悪感を示した。少なくとも日本の文脈では、身体から出る液体や排泄物への生理的嫌悪感をこんなにあからさまに表現するのは珍しいことだ。

しかし、そのとき私が悲嘆に満ちた老々介護とは別の印象を受けたのも事実である。私はこのエッセイを書きながら、そのことを確かめるべく、もう一度、パドマニを訪問した日に何枚か撮っていた写真を探しだして眺めてみた。

部屋を映した写真には、亡くなったアントニーの遺影の手前に置かれた、薄いブルーと白のバラの造花。また別の写真には、アントニーと映った、パドマニの若いときの写真。そのドレスは淡い黄色に、小さい花模様が施されたもの。そして、やはり淡いピンク色のよだれかけ。

一見、浮いているように見えたその幼児用品は、パステル調を基調にしたこの家の内装と（おそらく彼女自身の好みと）絶妙にマッチしているのだった。また、話を聞く限り特につらい思い出を喚起すると思われたよだれかけが、畳んで、白いふくろに入れて棚に大事にしまわれていたのも、素朴に考えて不思議な感じがした。子どものいないパドマニは、孫のためにとってあるともいえない。一体、何のためにとってあったのだろう？

よだれかけをめぐる「ちぐはぐなイメージ」は、何を連想させるだろうか。今あえて、言葉にするとすれば——。それはただ、嫌悪感にひきずられて絶望した悲しい過去という物語ではない。かといって、愛によって嫌悪感を「克服」した妻としてのパドマニを讃えるようなものでもない。そのちぐはぐなイメージが想起させるのは、嫌悪感を感じずにはいられない「近さ」において、彼とこれまでにはなかった関係を結び続けた、パドマニの生きざまのようなもの。

何事も、ある近さに入り、関係を取り結ばなければ（身体を没入させて同調をしなければ）、他人にたいして私たちは生々しい嫌悪感を抱くことはない。手の触れることのできる距離にいる他人の汚穢に、私だって嫌悪感を隠すことなどできない。しかしそんな嫌悪感を自分のこころに宿しながらも、これと触れることを余儀なくされる生活のなかで、その他人とのあいだには不思議な近さが生まれていたりする。そう考えれば、生理的嫌悪感は、遭遇、近さ、あるいは親密さによって克服されたり、解消されたりするものではなく、むしろ決着がつかないまま、表裏の関係にとどまるようなもの、と捉えるのが適切かもしれない。

先ほどのフレーズを用いるなら、「よだれかけ」はまさに、パドマニが、完全な麻痺へと沈んでいくアントニーの身体＝人格と共に生きるための試行錯誤の記憶を静かに湛えている、唯一のモノなのかもしれない。際限なく垂れてくるよだれを、ときに嫌悪感に苛まれながらも数分おきに拭き、これを洗っては干しすることで、既にアントニーの人格を繕うようにして過ごした数か月を、それは証人のように静かに記憶している。そんなふうに私には感じられる。

★1──ピーター・スコット゠モーガン氏については、クローズアップ現代HP（https://www.nhk.or.jp/gendai/articles/4611/）及び同氏が自ら記録した日記 "Dr. Peter Scott-Morgan: A Lifetime Spent Rewriting the Future"（http://www.scott-morgan.com/blog/timeline/2018-2/may/）を参考にした。なお本エッセイのURLの最終閲覧日はいずれも二〇二二年一月三〇日である。

★2──クローズアップ現代HP（https://www.nhk.or.jp/gendai/articles/4611/）。

★3──マーフィーもまた、車いすが彼のからだの延長になったとき〈それなしに生きていくことができない〉、「奇妙にもこのことが私のプライドを深く傷つけた」（一一九頁）と述べている。

★4──前田拓也が『介助現場の社会学──身体障害者の自立生活と介助者のリアリティ』（生活書院、二〇〇九年）で述べるように、近くにおいて関係を結び、よだれや排泄物の処理に「慣れていく」とは、それをパフォーマンスとして成功裡に終えることを意味するのであって、本当に嫌悪感を感じなくなることではない。そしておそらくここが重要なのだが、経験からすると、こうした汚穢には「おそらく完全に『慣れてしまう』ことは決してない」。正直に言えば嫌だし、できれば避けたいが、どうしても嫌だというわけではないからやる。この両義性、曖昧さがあるゆえに、感情操作をしていても、ふとした瞬間にそれが「失敗」するのだが、同時にこの曖昧さを保ちつつ、すなわち、他性や異化作用が消えない関係において関わりあうのが、介助の現実であり理想でもある、とも前田は述べているように思える。

排泄物（汚穢）に接して感じる嫌悪感というのは、（例えば感情操作による）「慣れ」によって本当に消えるわけではない。

おわりに——四つの旋律をからみあわせる

酒井朋子・奥田太郎・中村沙絵・福永真弓

鼻をつくにおいや肌にまとわりつく粘りけのような、身体の感覚。自分自身や身近にいる者の体から漏れ出てくるものや、それを受け止めきれいにするため閉ざされた扉の中で営まれている労働。あるいは、国民や市民の身体と公的空間とを清潔に見せるために、望ましくないもの、逸脱したもの、表に出るべきでないものと分類された何か。

これらすべてが汚穢であって、さらにいうなら汚穢の一部でしかない。さまざまなあらわれ方をする汚穢の一つ一つを分類し、整理して把握しようとすることは、思考実験にこそなるかもしれないが、汚穢のより深い認識には必ずしもつながらない。

それでもなお、汚穢に指を伸ばし、汚穢にふれつつ言葉を探しもとめることでひらけてくる視界がある。この本の二〇の文章は、あちこちの場所でたしかに呼応し合っているし、あるいは摩擦を起こしているかもしれない。編者四名がその呼応やきしみ音から何を聞き取ったのかを最後に記しておきたい。

壁をひらき知覚をひらく、即興の〈かまえ〉

汚穢について、あるいは汚穢のなかで思考するうえで重要なキーワードの一つは、何かを閉じ込める〈隔離〉のしくみだ。汚穢は感覚に直接うったえかけてくるように感じられるから、その「きたないもの」にいつでもどこでも備わっている性質について考えてしまいがちだが、実は汚穢がとりわけおぞましくなるのはそれが隔離されていないとき、つまり広がり、拡散し、境界を超えてくるときである。わたしを巻き込みかねない力だと感じたものにこそ、わたしは心と体を動かされるのだし、それを強く恐怖し嫌悪する。

逆にいえば、きたなくおぞましく、秩序に沿わないものであっても、コントロールされ決められた時間と場所にとどまっているうちは許容されている。ごくわずかな乱れや混じり合いさえもがまんがならず消滅させようとする力は、それが社会的ルールのよそおいをまとって襲いかかってきたときにはたしかにいちじるしい暴力となるけれど、一方で少しくらいの汚れや放《ほう》埒《らつ》は仕方ない、「必要悪」だとして微笑む一見寛容な態度にも注意が必要だ。そうした態度は、清潔さの鋳型に沿わないものを特定の場所に閉じ込めておくとともに、「清潔であれ」「不潔さに寛容であれ」という相反するメッセージを、他者をつくりあげ排除するために状況に応じて使い分ける。汚穢にかかわる権力とは、そのように作用する。

このように考えていくとき、米国の哲学者アレクシス・ショットウェルが潔癖主義（Purism）について書いていたことが参考になるかもしれない。潔癖主義はえてして自分個人の身体と生活のまわりに境界線をひいて、物質的・倫理的に汚染されたものを内部から取り除こうとする態度であって、それは物質であれ、行為であれ出来事であれ、ものごとが完全に線引きでき、分類できるという誤った信念にもとづいている。しかし実はその信念やおこないこそが汚穢を生み出しているのだ。自分はそのような潔癖主義を批判するけれども、それは倫理的な腐敗や新たな産業汚染——たとえば食物や生活の場の汚染——を肯定することとは違っている、と彼女は書く[★1]。

ところで汚穢が自分自身を飲み込んでいく、あるいは何かが境界をはみ出て混じり合い、個が失われていくというテーマは、まさにグロテスク・リアリズムの描こうとする生命変容の讃歌だった。境界をはみ出ること、混じり合ってもともとの姿を失うことは、新しいものの生成であり創造であると、そこでは考えられる。

その生命変容の過程は、人類学者のティム・インゴルドが、環境人類学エッセイ集三部作の最後の本 *Imagining for Real*（二〇二二）で書く即興のありかたとも共鳴している[★2]。インゴルドは言う。人の生がつねにはらんでいる緊張とは、精神と身体、合理性と感情、知識と直感、そのいずれにあるのでもない。重要なのは、〈定住〉と〈飛翔〉のあいだのせめぎあいなのだ。見知った慣習にとどまることと、新しい出会い・関係・存在のありかたへ飛び立とうとすることの、二つの力のあいだに生き物はある。ただしこの〈飛翔〉は、実は〈定住性〉に半身を置いてはじめて可能になる。すでに練られ訓練され身につけられた対応や見知ったコードを組み合わせながら、けれどもいま生起した遭遇が「見知らぬもの」である可能性に知覚をひらく（attentiveになる）とき、同時にそれまで見知っていたはずの技術や古典的対応が、新しい何かを帯びた混淆《こんこう》的なものとして刷新されていく。

即興が新しい何かを一から作りだすものなのではなくて、すでにある構成や技術を状況に応じて組み合わせなおすおこないであることを、アリストテレス『詩学』からコリングウッド『芸術の原理』にいたるまで、即興をめぐる哲学は折にふれて確認してきた。そして、即興は必ずしも〈次なる普遍〉を目指さない。即興演奏が作曲と違うのは、クラブハウスか、屋外スペースか、音はどう反響するのかといった場の物理的・環境的条件や、弾く者や聴衆のあいだにある熱と湿度と空気のありかたに呼応して生まれる一回きりの音楽である点だ。即興はその場と状況にかぎってうまく回り、人を動かすものであって、だからこそ永遠に残るものを志向する芸術において卑下されてもきた。けれども逆にその一回性ゆえに、汚穢とともにある生を模索するうえで、即興の〈かまえ〉は助けになる。汚穢は予期できない、かつその瞬間においては歓迎されない〈こぼれ〉であり〈はみ出し〉だからだ。

大勢を前にした講演のさなかに経血が自分の服からにじみ出てきたとき、何ができるか、言えるのか。そこで誰かとのあいだに新しく生まれる関係や、ものや場所との関係とはどのようなものか。即興の〈かまえ〉とは、そのような問いとかかわっている。（酒井朋子）

境界と規範と時間

ここまで、様々な形で汚穢のリズムの内実が描き出されてきたわけだが、すべてを通読していくなかで、汚穢のリズムが生み出されてくるその源泉に、規範と時間が深く関わっているのだと思えてきた。汚穢を秩序／無秩序の構造の中で捉える嚆矢《こうし》は、言うまでもなく、人類学者メアリ・ダグラス『汚穢と禁忌』（一九六六年）だが、私が今回探り当てたことは、それに抗するわけではないものの、規範について哲学的に探究する倫理学の観点から、根本的に別の事柄を捉えている。まずは、汚穢のリズムの源泉を規範と時間との関わりから捉える枠組みを描き出してみよう。

規範と一口に言っても、それが指し示すものは多様である。すれ違う他人にいきなり殴りかかってはならない、というのも規範、将来のために受験勉強をすべきだ、というのも規範、サッカーの試合でゴールキーパー以外の選手はボールを手で持ってはならない、というのも規範、そして、生きるために水分を摂取しなければならない、というのも規範だ。ここでは規範を最も広い意味において捉え、〈複数の可能な方向の中から特定の方向への傾きをもつ、ということが何らかの認識主体に認識されうる状態〉であり、その状態を認識する主体が、当の特

は、バスケの試合の境界の外側から影響を及ぼしている。このように、ある境界を挟んで内側の試合中に部外者が乱入し暴力行為に及ぶようなことはあってはならない、という規範が、通常合は中断されるが、バスケの試合そのものが別のものに変わってしまうことはない。バスケの試選手でない者たちが突然コート内に入り込み、殴り合いの喧嘩を始めたとすれば、バスケの試試合の境界を構成し、その境界の内側からバスケの試合というものを成り立たせている。他方、バスケではなくなってしまうだろう。ドリブルに関する規範やゴールに関する規範がバスケのボールを叩きつけて得点を主張してそれが通ってしまったら、もはやそこで行われているのはである。たとえば、バスケの試合で選手がボールを脇に抱えたまま走り出し、エンドラインに規範と、そうした境界の外側から境界面やその内側に影響を及ぼす規範は、性質の異なるもの

もう一つ、重要な区別をしておこう。何らかの境界を構成し、その境界の内側に見出される

た逆に、戻ろう／戻そうという実際の行動として顕現する必要も必ずしもない。かの仕方で紐づいているが、「戻る／戻すべきだ」という想念を伴う必要は必ずしもなく、まる。さらに、「元の方向への傾きに戻る／戻すべきだ」という認識は、戻る／戻す行動に何らす」認識主体もまた、認知機能を備えた様々なレベルの生物から超越的な神まで幅広く含まれと人の間のみならず、人と物、人と事、物と物、事と事の間にも見出される。それを「見出傾きに戻る／戻すべきだ、と認識する、そういったものだとしよう。したがって、規範は、人定の方向以外の別の可能な方向へと状態の傾きが変化することを想定した際に、元の方向への

の規範と外側の規範は、規範という点では同じだが、その作用の仕方が根本的に異なっている。汚穢のリズムはすべて、この二つの規範の折り重なる緊張の渦から生まれてくる、というのが私の見立てである。

ある境界を挟んで、その境界を構成している「内側の規範」のある側と、その外側があり、認識主体が身を置けるのは基本的にそのどちらかである。内外の規範の間の影響関係は、その規範の性質や諸々の来歴により様々だが、そのなかで、認識主体が、境界を構成する規範の外側に身を置いている時、境界の向こう側にあると思しき「内側の規範」に対して、そのものへの関心を遮断し、こちら側から見える境界面上の現象に関心を固着することで、認識主体にとって境界の向こう側は汚穢となる。この時、境界の向こう側の規範は何ら変わることはないが、境界のこちら側の、境界の向こう側に対する規範は変化する（たとえば、「それに触れてはならない」といった形で）。福永が「汚穢化／脱汚穢化」といった仕方で捉えている事象は、おそらくこうした仕方でも理解できる。先ほどの例えを引き続き用いるなら、部外者が乱入する先で行われているのが、部外者にとって即座に理解できない組織立った営みであった場合、その営みの内側にある規範への関心を遮断し、理解できない何かというところで関心が固着することで、眼前のものは何か「悍《おぞ》ましいもの」（汚穢）となるだろう。その時、乱入者を禁ずる「外側の規範」は、その種のものへの対応として一様に、乱入者が眼前のものを排除する方向へと変質する。戦況の悪化した戦時中に、娯楽が汚穢化したこともまたその一例である。

この二つの規範の折り重なりの重要な点は、境界を構成する（向こう側の）規範はどれも同じではない（個別的で多様である）のに対して、それらに外側から影響を及ぼす（こちら側の）規範は、境界の向こう側がどのようなものであれ、一様である、ということだ。先ほどの例を用いれば、バスケの試合も得体の知れない営為も、それぞれを構成する規範は、他の規範とまったく同じである必要はなく、それぞれが独自の境界を構成していてよい。他方、乱入者を禁ずる「外側の規範」は、同種の「向こう側」に対して一様に影響を及ぼす。私たちは、この一様性をもつ規範を「秩序」とみなし、境界の向こう側を「無秩序」とみなしがちだが、実は、境界のこちら側にも向こう側にも規範があり、その意味ではどちらにも秩序がある。

私たちが境界の向こう側に不気味さや悍ましさを感じるのは、そこに「蠢《うごめ》くもの」を感じ取るからであり、それらを「蠢くもの」として認識できるのは、そこに現時点ではその内実を明確に認識できないが、何らかの規範がある（計り知れぬ秩序がある）ことだけはわかるからに他ならない。なお、この「現時点では」というところに、規範に伴われる時間性の所在が見出される。「この先ずっとわからない」ではなく、「やがてわかるかもしれないが今はよくわからない」という〈時の厚み〉のようなものが、汚穢の認識には関わっているのではなかろうか。また、境界の向こう側が「無秩序」だとすれば、その極は完全なるランダムである。しかし、完全にランダムな事象に対して私たちはいかなる意味でもじっくり向き合うことができない。私たちは、規則的に入るノイズに対しては「雑音」として対処に乗り出すが、ランダムに入り続けるノイズに対しては無視して視野の外に置くことだろう。おそらく、ランダムな事象には来歴など、〈時の厚み〉が欠落しており、それは汚穢化の対象外にある。時間と汚穢の関係についてさらに言えば、どのような境界の向こう側を汚穢とするのかは、その境界との関わりの来歴のありように左右されるのであって、固定的な何かを普遍的に（＝無時間的に）汚穢とみなしうるわけではない。それは、本書を通読した読者であれば、すでに承知のことだと思われる。

では、汚穢のリズムはどこから立ち上がってくるのか。もちろん、〈時の厚み〉があるからこそ、リズムは成り立つ。ランダムを極とする無秩序の中には汚穢もなく、リズムもない。私たちは、境界のこちら側にいて、こちら側の規範に則りながらも、向こう側の規範の所在と内実について、境界面上の現象だけを通じて、仄かに感得することがある。その時、向こう側にも感じ取られる底知れぬ多様な規範の気配を前に、私たちは時に恐れ慄き、時に嫌悪を感じながらも、二つの規範の重なり合う緊張の渦の中に「汚穢のリズム」を感じ取る。藤原の言葉を借りるなら、向こう側の規範から何かが「漏れる」ことが、そのリズムをもたらす。本書に収録されたエッセイの数々から読者が感じ取った「汚穢のリズム」は、そのように捉えることもできるかもしれない。（奥田太郎）

Illusion からさめた、その後に

一点の曇りもない、負い目のない人生など、おくることはできない。自分の、あるいは他人《ひと》

の汚らしい部分に、直視したくないグレーゾーンに、これらを覆い隠そうとする言葉に嫌気がさして、ただ疲れてしまう。そんなときは自分の存在自体を消すようにして、夢に没入したくなる。

リチャード・バックの『イリュージョン――悩める救世主の不思議な体験』[★3]。高校のとき、授業で読んだ本の一つだ。アメリカ中部のだだっ広い土地で、流しの飛行機乗りとして暮らす主人公のリチャードは、ある日、同業者であるドンに出会う。ドンは破格的に不思議な男だ。牧草地のうえを長時間飛行しても、複葉機には虫の死骸も油も一切つかない。障害をもち往年車椅子で過ごしてきたという乗客も、ドンの機体に近づいた途端に少年のように自分の足ですっと立ちあがり、颯爽と飛び乗ってしまう。

そう、実はドンは、元救世主。彼が手をかざせば、どんな病もたちまち治るので、どこに行っても信者が群がった。衆生に必要とされていたドンは、しかし、あるとき唐突に救世主をやめて、飛行機乗りになる。なぜ？　自由に生きたいから。幸せでいたいから――ドンは社会的な束縛からも、物理的・肉体的な制約からも自由な男なのだ。そして誰もがそうなれる、と言わんばかりに、水面を歩いてみせたり、土に溺れてみせたりする。その底知れない自由に、初めは半信半疑だったリチャードも、徐々に心ひかれていく。まさか……と池に足をつけたリチャードが、自身も水面に浮いたことに気づいた瞬間、読者である私たちもすでに、この世界の可能性を信じ始めている――。

きちがい染みたドンの言葉は、一〇代の頃の私に何度も力を与えてくれた。あらゆる制限から自由に、自己自身を探求して飛躍するドンやリチャードがただ頼もしかった。でも、いつもそのように感じるわけではなかった。つい最近も、心が不穏にざわついて久しぶりにその本を手にしたが、彼らの言葉はすんなり入ってこず、夢に没入することもなかった。

夢から戻ってきて、もし、少しでもましな生き方がしたいと思えたなら？　私たちはどこから始めようか。

ドンのようなヒロイックな生き方、リチャードが手にした純粋な「自由」のようなものは、手放してしまった。でもままならない日常を生きるうえでの道標のようなものが欲しい。この本のきっかけとなった「汚穢の倫理」研究会は、少なくとも私にとっては、この道標を、一人ではなくともに、あちこち迷いながら（またその迷い方を愉しみながら）探っていくようなものだった。

きれいごとでは何も始まらない。言語がきれいすぎると、言葉に力がなくなってしまうように。内部告発者を徹底的に「汚穢化」して排除する組織には、正義も哲学も育まれないように。だから、海の奥深さを知る漁師たちが、にごった水にはかり知れぬ豊かさをみるような感覚が、彼らの生きた知が、何だか大いなるヒントのように思える。この生きた知は、「魂を身体から解放する」（カント）ことで得られるものではない。ドンやリチャードがそうしたように、自分の声（自らの精神が求める自由）を〝amplify〟することで得られるものではない。それは当の世界に身を以て関わり合うなかで、得られたものだ。

きれいごとでは何も始まらない。私たちは、自分の身体や、身の回りの世界が、統制しきれず、究極的にはわからないもの、みたくないものを含みこむことを経験的に知っている。あるいは私たちは、私たちの生きる今の社会が、汚穢を含みこむことをよしとせず、それを遠ざけることで形を保ってきたことを、事実として知っている。同時に、それらを「見て見ぬふりをする」ことが簡単なように、私は都合よくできていたりもする。だからこそ、汚穢のリズムに耳をそばだて、それが他でもない自分の一部であることに気づくことには、痛みもあるけれど、意味がある。汚らしさや統制しきれなさ、わからなさを含みこんだ世界（あるいは自分自身）が、単に私たちを翻弄してくるような問題ではなく、むしろ生への〈構え〉のようなものを組み立て直す契機として、たちあらわれてくるかもしれないからだ。「自分ではない」「自分とは関係ない」と否定してきた、それでいて身近な存在たちとの距離の調整、関わりの試行錯誤のなかで、世界が（あるいは自分が）予期しなかった表情をふとみせたときの「驚き」のようなもの。その驚きに導かれて思考した軌跡が、このエッセイ集にはつまっている。（中村沙絵）

ほの暗さをのぞきこみ、みかえす深淵に惹かれ、畏れる

うつくしい世界へようこそ。ここには、あなたを本当の意味で脅かす汚いものは存在しない。不衛生、不快、苦痛、気持ち悪さ、恐怖、あなたを今以上に不安に駆り立て、生きにくくさせるようなものは、丁寧に設計された生活空間から慎重に取り除かれ、不可視化され、整えられるからだ。嗜好の充足や娯楽のためにつくられた汚穢の模擬物はたくさんある。嘔吐を誘う映像から不快音で構成された音楽まで、疑似体験するものは備えられている。しかし、リアルなそれらは生活の地平からはみえず、あなたからひたすら遠ざかるか、消える。

汚いものをきれいにすること。脱汚穢化は近代の開明と進歩の証しとされ、規律型社会の成立と発展を支えた。脱汚穢化それ自体は、先行する規範がなければできないが、いったん動き始めれば、オートポエティックに依拠する規範自体を生み直し、既にある秩序を強化し続ける。

規律型を経て管理型社会がヘゲモニーをとった現在、その統制は、個人の内面のもっとも柔らかで繊細な部分にまでおよぶ。自発的に個人は「まともである」ために自己と他者の脱汚穢化をめざす。既に整備された「きれいでまともな」空間の布置、モノとしての形態が、さらなる脱汚穢化を人びとに求めさせ、はじめから汚穢とみなされたものや、自己の脱汚穢化を防げるものが湧くことすら許さない。ホームレスが居着けないよう設計された新興住宅地にはホームレスは現れず、暮らすだけで健康になれるよう設計された都市には慢性成人病の人びとはおらず、洗わず食べられる清潔なレタスを生み出す植物工場には雑草は生えない。だらしないという表現は自己の奥深くまで入りこんであなたを審断する。おまけに、あなたのデスクは整えられるはず、と規格化されたペンもノートも訴える。こうした環境管理型権力は[★4]「まともな」

人間の生命とその生の形のみならず、それらを揺るがす他の生命の現れやその偶然の生命の跳躍も、許したくないのだと振る舞う。科学技術と強く結束した環境管理型権力によって、汚穢すら漏れ出ない世界をつくる試みが現実化しようとしているのだ。そしてわたしたちは、自分がそのことを「まともだ」と思う思考に馴らされている。「まとも」枠の中にいる限り恩恵もまた与えられるからだ。どんなにその「まともさ」に追い詰められ、息苦しいと感じていても、疲弊してしまっていても、脱汚穢化という制度から自分を外すことはできない。

しかも、すべてを透明化する合理的な科学技術は、逆説的だが、人びとが関知できない領域を拡大させている。そのほの暗い領域の広がりが世界を再魔術化しつつあること、[★5]とりわけAIによるリスクの増大や、気候危機のような人間以外の力の増幅による非知の領域の拡大を人びとは感じ取っている。それでも、透明な科学技術と共に明るく語られる未来の虚像をとりあえず受容することは、明日まで生きのびることを少したやすくする。透明化する科学技術の加速度をあげ、その加速を支える資本主義に賭けたほうがいいと、信仰にも似た共同幻想もそこにある。再魔術化していく日常にこころもとなさと不安を感じつつ、それらをもたらすものたちに依拠せざるをえない。脱汚穢化し続けることにしか、頼れない。

わたしたちが汚穢に惹かれるのは、この矛盾にこそあるのかもしれない。用意されたうつくしい世界から漏れ出るもの、排除されていくもの、見ぬ・触れぬほうがよいと自ら隔離したことをのぞきこむことが、まともであろうとする日々の緊張をやりすごす手立てになる。うつくしい世界にあてはまらない疲弊から逃避する手立てになる。だからこそ、汚穢化されたものをのぞきこみ、そこから自分を離しておきたいという感覚を確認し続けながら、汚穢化されたものにどうしても愛着や自分との不可分性を感じて、何度ものぞきこみ、汚穢化されたものにまみれようとする。あるいは、理屈をつけて隔てている境界の絶対性を和らげ、汚穢を身のうちにとどめる。

汚穢の深淵をのぞきこむのは意外と簡単だ。食べ残したものは腐り、食べればわたしたちの体は臭いを発する排泄物を出す。もっとも、何も食べなくとも、一日たてば皮脂が、皮膚からこぼれ落ちた死せる細胞が、汗腺からにじみ出た汗が、化学反応をおこし、微生物をひきつけ、臭い、ねばる。着衣は素直にその物質や微生物群を吸い取り、新たにそれらを引き寄せ生み出す源になる。寝床も住居も同様だ。発生源だったはずの人間の体を、引き寄せられ生み出されたものたちが侵食する。人間は集団で生きようとするからなおさら、どうしても老化してしまうからなおさら、取り繕いながら必死に脱汚穢化しながら得た「まともなわたし」をはみだし、ペルソナすらうまく保てず、生きるということの周囲に生そのものがにじみだし、もれだす。あなたはただ、脱汚穢化させようとしてもはみ出ていて、だからこそいつもみないようにとどめて、境界線に押しこんでいる何かを、のぞきこめばいいのだ。

汚穢もまたあなたをみている。底知れなさは感覚をつたい、体にすべりこんで勝手に共鳴し、あなたはそれをどうしようもなく嫌悪し、あるいは快楽をおぼえ、安堵する。汚穢をいつくしむ世界へようこそ。この本はあなたにそう語りかけるために生まれた。つくられたうつくしい世界からおかえりなさい。（福永真弓）

★1―Alexis Shotwell (2016) *Against Purity: Living Ethically in Compromised Times*. University of Minnesota Press.
★2―Tim Ingold (2021) *Imagining for Real: Essays on Creation, Attention and Correspondence*. Routledge.
★3―リチャード・バック（二〇〇九）『イリュージョン――悩める救世主の不思議な体験』佐宗鈴夫訳、集英社
★4―東浩紀（二〇〇七）『情報環境論集――東浩紀コレクション S』講談社、四八–五〇頁
★5―若林幹夫（二〇〇七）『社会学入門一歩前』NTT出版

本書は、サントリー文化財団二〇二一年度研究助成「学問の未来を拓く」を受けて刊行が実現した。また、本書のようなテーマを忌避することなく、関心を抱き、出版を引き受けてくださった左右社そして編集の梅原志歩さんにお礼申し上げたい。梅原さんには大変ていねいな校正もいただいた。The Third Gallery Ayaの綾智佳さん、グラフィック・ファシリテーターの出村沙代さんにもご助力・ご協力をいただいた。心より感謝申し上げます。

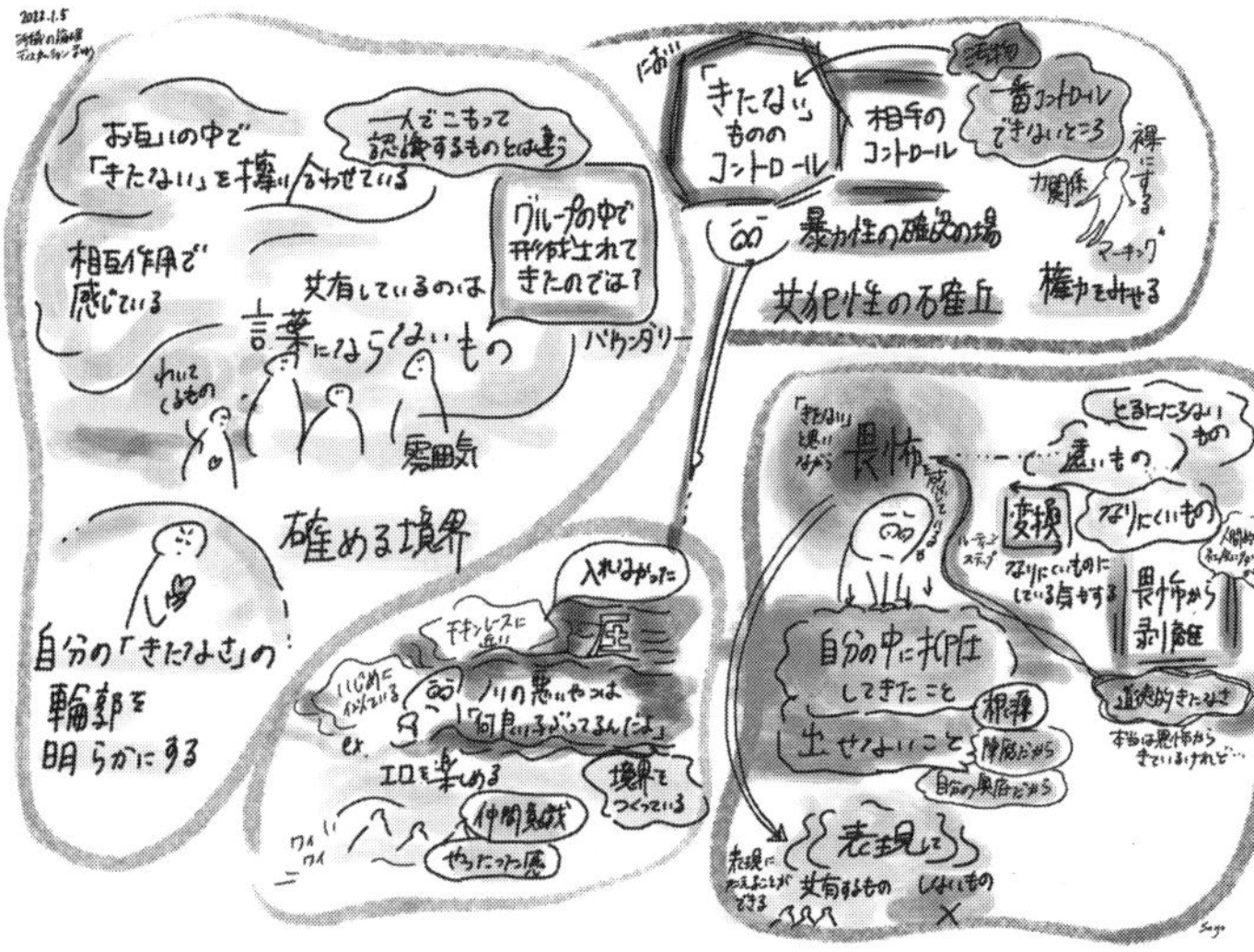

「汚穢の倫理」研究会では、ゲスト講師を呼んでの書評会のほか、メンバーそれぞれが自身にとっての汚穢や「きたない」感覚を問いなおすためのワークショップを行った。上は2022年1月5日のワークショップのグラフィック・レコーディング。参加者：奥田太郎、酒井朋子、中村沙絵、福永真弓、オスカー・レン。上：討論まとめの記録　下：討論途中の記録　© SayoDemura

比嘉 理麻（ひが りま）

沖縄国際大学総合文化学部准教授。博士（国際政治経済学）。専門は人類学。主な著作に『沖縄の人とブタ――産業社会における人と動物の民族誌』（京都大学学術出版会、2015年）、「動物嫌悪と肉食主義の共生成――いのちと再び出逢い直すために」『現代思想』50（7）、2022年、「これは、政治じゃない――＜生き方＞としての基地反対運動と命の民主主義」『文化人類学』87（1）、2022年など。

福永 真弓（ふくなが まゆみ、編者）

東京大学大学院新領域創成科学研究科准教授。博士（環境学）。専門は環境社会学および環境倫理。主な著作に『サケをつくる人びと――水産増殖と資源再生』（東京大学出版会、2019年）、『未来の環境倫理学』（共編、勁草書房、2019年）、*Adaptive Participatory Environmental Governance in Japan: Local Experiences, Global Lessons* (co-edited, Springer, 2022）など。

市原 佐都子（いちはら さとこ）

劇作家・演出家・城崎国際アートセンター芸術監督。第六四回岸田國士戯曲賞受賞。著作に『マミトの天使』（早川書房、2019年）、『バッコスの信女――ホルスタインの雌』（白水社、2020年）など。

斎藤 喬（さいとう たかし）

南山宗教文化研究所・特任研究員、博士（文学）。専門は宗教学、表象文化論。主な著作に『〈江戸怪談を読む〉牡丹燈籠』（共著、白澤社、2018年）、『〈怪異〉と遊ぶ』（共著、青弓社、2022年）など。

藤原 辰史（ふじはら たつし）

京都大学人文科学研究所准教授。博士（人間・環境学）。主な著作に『決定版 ナチスのキッチン――「食べること」の環境史』（共和国、2016年）、『分解の哲学――腐敗と発酵をめぐる思考』（人文書院、2019年）、『植物考』（生きのびるブックス、2022年）など。

井上 菜都子（いのうえ なつこ）

筑波大学大学院人文社会科学研究群博士前期課程。人文学学士。専門は文化人類学、社会人類学。

編者・執筆者紹介（執筆順）

酒井 朋子（さかい ともこ、編者）

京都大学人文科学研究所准教授。Ph.D. 専門は人類学。主な著作に『紛争という日常――北アイルランドにおける記憶と語りの民族誌』（人文書院、2015年）、'Humour and the Plurality of Everyday Life: Comical Accounts from an Interface Area in Belfast', *Social Anthropology* 30 (3), 2022など。

中村 沙絵（なかむら さえ、編者）

東京大学大学院総合文化研究科・准教授。Ph.D. 専門は人類学、南アジア地域研究。主な著作に『響応する身体―スリランカの老人施設ヴァディヒティ・ニヴァーサの民族誌』（ナカニシヤ出版、2017年）、「道徳哲学と民族誌の「もう1つ」の交わり方――きれいな分析を拒む現実に留まること／逸れること」『文化人類学』86 (2) 2021年など。

Oscar Wrenn（オスカー レン）

神戸大学人文学研究科博士後期課程。専門は社会人類学。主な著作に、「断絶を通じて思考する過疎地域ランドスケープ―時間・空間の非連続性に関する考察に向けて―」『社会学雑誌』39, 2022年、'"Lost in the Fields": Wayfinding and Disorientation Within a Japanese Agrarian Landscape', *Japanese Review of Cultural Anthropology*, 24 (1), 2023など。

奥田 太郎（おくだ たろう、編者）

南山大学社会倫理研究所教授。博士（文学）。専門は倫理学。主な著作に『倫理学という構え――応用倫理学原論』（ナカニシヤ出版、2012年）、『失われたドーナツの穴を求めて』（共編著：さいはて社、2017年）、『責任と法意識の人間科学』（共編著、勁草書房、2018年）など。

古田 徹也（ふるた てつや）

東京大学大学院人文社会系研究科准教授。博士（文学）。専門は近現代の哲学・倫理学。主な著書に、『言葉の魂の哲学』（講談社選書メチエ、2018年）、『不道徳的倫理学講義』（ちくま新書、2019年）、『このゲームにはゴールがない』（筑摩書房、2022年）、『謝罪論』（柏書房、2023年）など。

原口 剛（はらぐち たけし）

神戸大学人文学研究科准教授、博士（文学）。専門は社会地理学、都市論。主な著作に『叫びの都市――寄せ場、釜ヶ崎、流動的下層労働者』（洛北出版、2016年）、『惑星都市理論』（共著、以文社、2021年）など。訳書にニール・スミス『ジェントリフィケーションと報復都市――新たなる都市のフロンティア』（ミネルヴァ書房、2014年）など。

汚穢《おわい》のリズム
きたなさ・おぞましさの生活考

2024年1月30日　第一刷発行
2024年7月31日　第二刷発行

編著者———酒井朋子・奥田太郎・中村沙絵・福永真弓
発行者———小柳学
発行所———株式会社左右社
東京都渋谷区千駄ヶ谷3-55-12 ヴィラパルテノンB1
TEL 03-5786-6030
FAX 03-5786-6032
https://www.sayusha.com

装丁————松田行正＋倉橋弘
章扉写真——松田行正
印刷・製本——モリモト印刷株式会社
DTP————有限会社マーリンクレイン

ISBN 978-4-86528-406-5